입시대전환시대

부모가 알아야 할

# 입시절대전략

대치동 현장 경험 · 20년 교직 노하우로 완성한 입시 로드맵

배지현 저

예문아카이브

Prologue

# 입시를 알면 방향이 보입니다

"중학생 때는 공부를 참 잘했는데, 지금은 왜 이렇게 됐는지 모르겠어요."

고3 담임교사로 있으면서, 학부모님께 가장 자주 듣는 말입니다. 중학생 때까지만 해도 성실히 공부하며 잘한다는 평가를 받던 아이가, 막상 대학 원서를 쓰는 순간엔 인서울 진학이 쉽지 않은 현실 앞에서 학생도, 부모도 당황하게 됩니다. 교사는 익숙한 풍경이지만, 부모에게는 실망과 답답함이 크게 다가옵니다. 아무리 아이의 장점과 노력을 이야기해도, 대답은 같습니다.

"그래도 대학은 못 가잖아요."

대학 진학이 정말 그토록 어려운 일일까요?

정확히 말하면, 인서울 대학에 들어가기가 어렵습니다. 학생 수는 줄고 대학 정원은 넉넉해졌습니다. 원한다면 누구나 대학에 갈 수 있는 시대가 맞습니다. 하지만 서울 주요 대학, 흔히 이름 들어본 명문대와 수도권 대학의 문은 예상보다 좁습니다. 서울 주요 대학은 전체 대입 수험생의 약 10%에 불과합니다. 한 반에 30명 있다면, 평균적으로 3명만 인서울 대학에 합격합니다. 나머지 27명은 부모의 기대와 달리 인서울 대학 진학이 쉽지 않은 것이 통계로도 확인됩니다.

부모 세대 때는 고등학교에 올라가 마음을 다잡고 공부해서 성적을 올리는 경우도 많았지만, 요즘은 다릅니다. 아이에 대한 관심은 어느 집이나 높아졌고, 학원에 다니는 시기도 빨라졌습니다. 또한 인터넷 강의를 통해 어디서든 양질의 교육을 받을 수 있지요. 공부 환경 자체는 과거보다 훨씬 좋아졌습니다. 요즘 입시는 단순히 성적이 높으면 합격하는 구조가 아닙니다. 고등학교 선택부터 진로와 과목 선택, 학생부 기록과 전형 전략까지 하나의 흐름으로 이어집니다. 이 흐름을 이해하지 못하면 아이의 노력이 효과적으로 쌓이지 못하고, 방향을 잃는 경우가 많습니다. 입시 제도는 수시와 정시를 큰 축으로 매년 달라집니다. 특히 고교학점제 전면 시행과 통합형 수능으로의 변화는 학생 선발의 기준을 흔들고 있습니다. 이 흐름을 따라가려면 소문이나 단편적인 정보보다 구조를 파악하는 눈이 필요합니다.

많은 부모님이 이렇게 말합니다.

"정보가 너무 많아서 오히려 방향을 잡기 어려워요."

"무엇부터 알아야 할지 모르겠어요."

입시를 안다는 것은 단순히 정보를 모으는 것이 아닙니다. 아이의 학교생활에서 어떤 변화가 일어나고 있는지, 어디에 시간을 집중해야 하는지 함께 이해하는 일입니다. 내신 등급 변화의 의미, 전형의 변화, 학교생활의 실제 과정을 정확히 알면 아이의 고민도 같은 언어로 들을 수 있습니다.

"내가 알아서 할게."

"엄마는 알지도 못하면서…."

아이도 막막합니다. 내 고민을 해결해 주지 못한다는 생각에 벽을 세웁니다. 부모가 관심을 많이 가져도 불만이고, 안 가져도 불만입니다. 때론 부모의 진심 어린 조언이 잔소리로 들리기도 하고, 때론 부모님이 도와주지 않는 것 같아 서운하기도 합니다. 입시의 흐름을 이해하는 부모가 되어야 아이와 대화가 시작됩니다. 이 책은 바로 그 대화의 출발점이 되길 바라는 마음으로 쓰였습니다.

성공적인 고등학교 생활 3년을 위해 부모가 알아야 할 네 가지 핵심 전략을 중심으로 입시 구조와 선택 기준을 정리했습니다.

**첫 번째는 고등학교 선택입니다.**

학교 시스템과 학습 분위기가 아이의 3년을 결정짓습니다.

아이의 성향, 진로 방향, 학교 환경을 고려한 선택이 필요합니다.

**두 번째는 진로 선택입니다.**

고교학점제 도입으로 과목 선택은 곧 진로 설계가 되었습니다.

과목 구조와 대학의 평가 방식을 이해해야 합니다.

**세 번째는 탐구 선택입니다.**

학생부에서 탐구 활동이 중요해졌습니다. 대학은 학생부를 어떻게 읽을까요?

학생부 관리 핵심 포인트를 교사의 시선으로 다룹니다.

**네 번째는 전형 선택입니다.**

수시(교과, 종합, 논술), 정시(수능형, 학생부형) 등 전형별 차이와 아이의 강점을 활용한 전략을 안내합니다.

이 네 단계는 단순한 정보 나열이 아니라, 입시의 본질을 이해하고 부모가 주체적으로 판단하기 위한 흐름입니다.

많은 부모님이 아이를 위해 수많은 교재를 사고, 학원을 찾고, 유튜브에서 정보를 찾아 헤맵니다. 그만큼 자녀 교육에 진심입니다. 이제 필요한 것은 정보의 양이 아니라 정보를 바라보는 기준입니다. 입시의 큰 틀을 이해하면 아이의 현재를 긴 시야로 바라볼 수 있고 오늘의 상황에 매몰되기보다 성장의 과정으로 볼 수 있습니다. 정확한 정보를 얻는 방법을 알면 지역이나 환경에 상관없이 최선의 입시 전략을 세울 수 있습니다.

# CONTENTS

## Part 2 | 합격을 부르는 대치동 핵심 전략[고·진·탐·전]

### Lesson 1 고·진·탐·전 [고교 선택]



### Lesson 2 고·진·탐·전 [진로 선택]



### Lesson 3 고·진·탐·전 [탐구 선택]

Lesson 2 **[논술]**



## Part 5 | 대치동 선배들의 공부 치트키



Epilogue

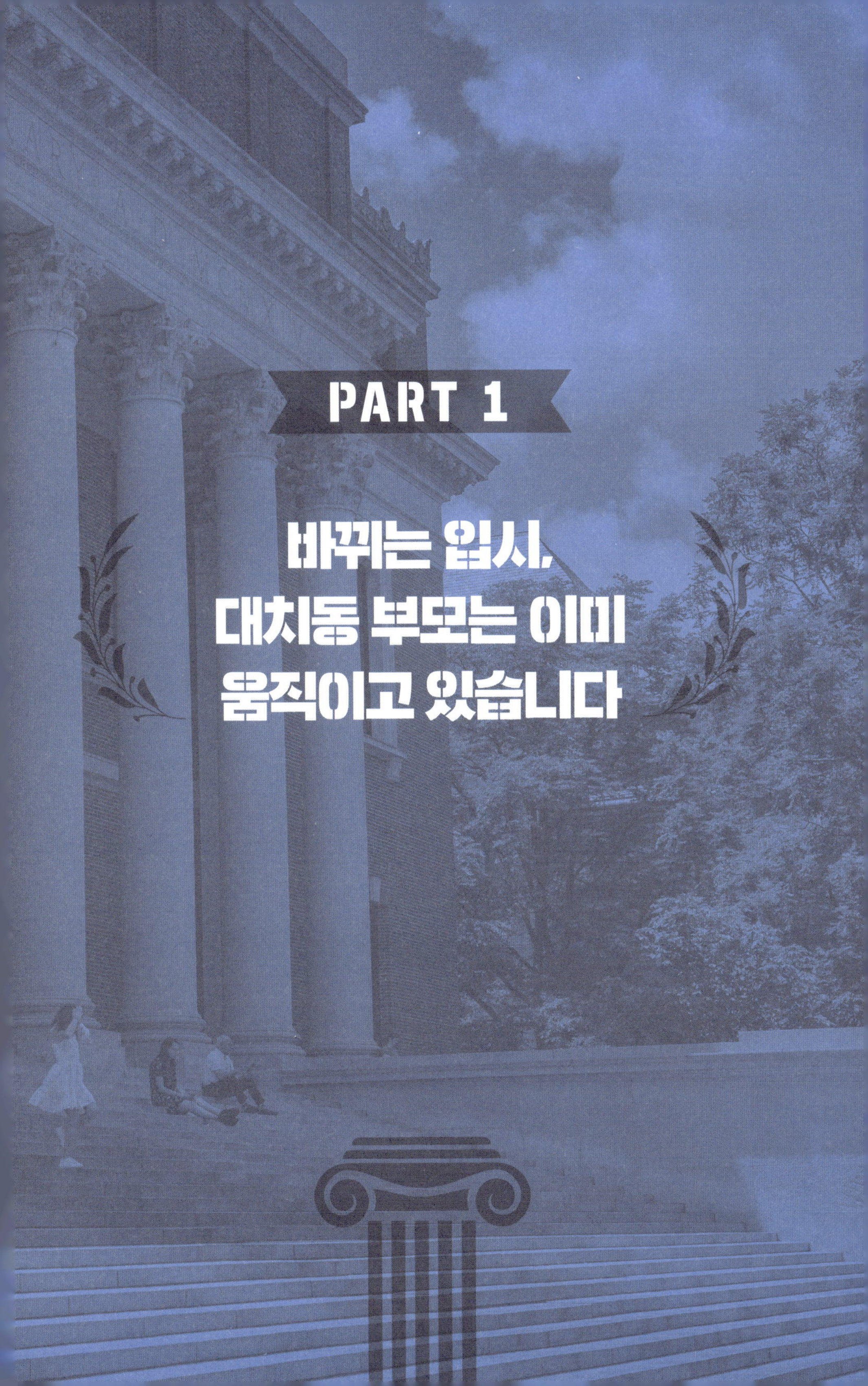

# PART 1

# 바뀌는 입시, 대치동 부모는 이미 움직이고 있습니다

# 쏟아지는 입시 콘텐츠를 보면서 마음만 불안하다면

'2028 대입 변화, 어떻게 준비해야 하나?'

2025년 겨울, 입시 제도가 변하면서 대치동은 설명회로 분주합니다. 현재 대한민국 교육 제도는 큰 변화를 맞이하고 있습니다.

"됐어! 됐어! 이제 그런 가르침은 됐어! … 전국 900만의 아이들의 머릿속에 모두 똑같은 것만 집어넣고 있어"

서태지와 아이들의 〈교실 이데아〉를 기억하시는 분이 있을지 모르겠습니다. 모든 아이에게 같은 것을 주입하던 그 시절, 저도 학생으로서 이 노래를 신나게 불렀습니다. 세월이 흘러 이제는 아이들을 가르치는 사람이 되었고, 교직에 몸담은 지도 어느덧 20년이 되어갑니다.

그동안 교육 현장은 학생 인권이 강화되는 과정, 문·이과 구분이 사라지는 과정, 학교생활기록부가 체계를 잡아가는 과정까지, 정말 많은 변화를 겪었습니다. 매번 정책이 바뀔 때마다 적응하느라 쉽지 않았지만,

이번 변화는 학교의 패러다임이 완전히 바뀌는 시기로써, 가장 큰 전환점이라 생각합니다. 따라서 예전 학교를 기준으로 입시 방향을 세우거나, 선배 엄마의 조언을 그대로 쫓다가는 아이만 고생하고 결과는 기대에 못 미치는 혼란을 겪을 수 있습니다.

〈교실 이데아〉가 던지는 메시지는 여전히 유효합니다.

모든 아이에게 똑같은 것을 가르치는 시대는 끝났습니다.

대한민국의 교육을 고민하는 사람이라면 누구나 이 사실을 알고 있습니다. 세상은 복잡해지고, 아이들은 모두 다르기 때문입니다. 하지만 다양성을 존중하는 교육을 실현하는 일은 쉽지 않습니다. 스스로 다른 사람과의 차이를 알고, 자신에게 맞는 길을 선택할 수 있어야 가능하기 때문입니다. 진로를 정하는 일도 단순하지 않습니다. 요즘 아이들은 학교, 집, 학원을 오가며 하루를 보내기 때문에 다양한 경험을 하기 어려워 진로보다는 진학이 우선시되는 경우가 많습니다. 이는 '우선 대학에 붙고 보자!'라는 생각으로 연결되어 결국 성적이 잘 나오는 과목으로 몰리는 현상을 만들어 냅니다. 최근 자연계 학생이 사회탐구 과목으로 옮겨가는 '사탐런' 현상이 이를 잘 대변해 주고 있고요.

교육과정평가원은 수능 과목 선택에 따른 유불리를 줄이기 위해 노력해 왔습니다. 하지만 지난 수능에서 드러났듯이, 어떤 과목을 선택해도 공평한 시험을 만드는 것은 생각보다 어려운 일입니다. 한 학생은 '생활과 윤리', 다른 학생은 '화학 I'을 선택해 두 사람 모두 만점을 받았습니다. 하지만 표준점수는 각각 77점과 65점으로 12점 차이가 났습니다. 똑같은 만점자의 결과가 달랐던 것입니다.

채점했을 때 나오는 점수를 원점수라고 합니다. 하지만 수능 성적표에는 원점수가 표기되지 않습니다. 대신 원점수를 환산한 표준점수, 백분위, 등급만 나옵니다. 예를 들어 원점수 50점이 표준점수로는 77점 또는 65점으로 환산될 수 있습니다.

이런 차이가 생기는 이유는 표준점수가 해당 과목을 선택한 학생들의 수준에 영향을 받기 때문입니다. 표준점수는 해당 과목을 잘하는 학생이 많아서 평균이 높을수록 만점자의 점수가 오히려 낮아지는 구조입니다. 표준점수가 과목 간 난이도 차이를 보완하기 위해 도입되었지만, 과목 간 유불리를 완전히 없애기는 사실상 불가능하다는 것을 알 수 있습니다.

결국 교육부는 균형점을 이렇게 찾았습니다.

'수능은 통합으로, 학교 교육은 선택으로!'

공정성은 수능의 통합을 통해, 다양성은 학교 교육과정의 선택을 통해 확보하려는 것입니다. 이에 따라 고등학교 선택과 과목 선택이 이전보다 훨씬 복잡해졌습니다.

대한민국 교육 제도는 분명 거대한 변화의 한가운데에 있고 이 흐름은 쉽게 바뀌지 않을 것입니다. 서태지와 아이들의 노래가 던졌던 문제의식처럼, 이제는 모두에게 똑같은 것을 가르치는 시대는 돌아오지 않기 때문입니다. 공정성을 유지하면서 다양성을 존중하는 교육체제를 만드는 일은 여전히 어렵습니다. 선택에는 언제나 유불리가 따르기 때문입니다.

그렇다면 부모는 어떻게 해야 할까요?

답은 간단합니다. 변화의 흐름을 읽고, 공부해야 합니다.

대치동은 이미 움직이고 있습니다. 고등학교를 어떻게 선택해야 하는지, 과목은 무엇을 들어야 하는지, 새로운 수능은 어떻게 대비해야 하는지 등 수많은 설명회가 열리고 있습니다. 블로그, 유튜브 등 다양한 플랫폼에서 수많은 콘텐츠가 쏟아지고 있지만 영상을 보고 나면 오히려 마음만 복잡해지고, 답은 보이지 않습니다. 결국 많은 부모가 '그래서 학원을 보내야 하나?'라는 결론에 이르게 됩니다.

요즘은 정보가 너무 많아서 문제입니다. 중요한 것은 내 아이에게 맞는 정보를 골라내고 구조화하는 능력입니다. 대입 공정성 방안으로 모든 자료는 공개되어 있기 때문에 결국 필요한 것은 정보를 찾는 힘과 이해하는 눈입니다. 같은 정보도 의도와 목적성에 맞게 가공될 수 있습니다. 무료 설명회는 대부분 세련된 홍보이므로 부모가 공부하지 않으면 입시 정보에 끌려다닐 수밖에 없습니다. 대입의 큰 흐름만 이해해도, 흔들리지 않고 소신 있게 아이의 미래를 설계할 수 있습니다.

# 대학은 지금 플러스 알파를 준비하고 있습니다

고교학점제가 본격적으로 시행되면서 대입의 판도가 크게 달라지고 있습니다. 가장 큰 변화는 수능과 내신, 두 축의 변별력이 약화된다는 점입니다.

- 수능 변별력 약화 : 문 · 이과 통합 체제로 바뀌면서 수학의 기하, 미적분Ⅱ 등 주요 과목이 수능에서 제외되었고, 사회와 과학도 고등학교 1학년 때 배우는 통합사회와 통합과학에서만 출제됩니다. 이에 따라 상위권 학생을 가려내는 변별력이 떨어질 수밖에 없습니다.
- 내신 변별력 약화 : 기존 9등급제가 5등급제로 바뀌면서 성적 분포가 단순화되어 학생 간의 세밀한 성적 차이를 드러내기 어려워져 변별력이 약해졌습니다.

고교학점제는 학생들이 스스로 과목을 선택해 진로를 탐색하도록 돕는 것이 본래 취지입니다. 이 취지에 따르면 절대평가가 자연스럽지만, 교육부는 공정성과 안정성을 이유로 상대평가 방식을 유지하기로 결정했습니다.

이러한 수능과 내신의 변별력 약화 및 통합형 수능과 선택형 교육과정 간의 불일치를 보완하기 위해, 대학은 수능만으로는 확인하기 어려운 개별 학생의 역량과 특성을 교과 평가나 면접에서 추가로 검증하고자 합니다. 이는 '본고사 회귀' 우려를 낳기도 하지만, '3불 정책', 즉 기여입학제, 본고사, 고교등급제를 금지하는 정책이 여전히 유지되는 현실상 가능성은 적습니다.

이처럼 수능과 내신의 영향력이 줄고, 고교학점제가 도입되면서 대학들도 새로운 길을 모색하고 있습니다. 앞으로는 단순히 한 가지 지표만으로 학생을 뽑기보다는, 다양한 요소를 결합한 종합 평가가 보편화될 전망입니다. 대표적인 예가 학생부 교과전형인데, 교과 성적 위주로 학생을 선발하면서도 학생부 정성 평가나 수능 최저 학력 기준을 함께 요구하는 식으로 변화할 가능성이 큽니다. 학생부 정성 평가는 점수나 등급보다는 학생의 역량과 성장 과정을 관찰한 교사의 서술형 기록을 바탕으로 학생의 학업역량, 진로역량, 공동체역량을 종합적으로 판단하는 평가입니다. 단순히 교과 성적만으로 뽑게 되면 학생들이 등급을 잘 받을 수 있는 과목만 선택하는 역효과가 생기므로 보완 장치가 필요하기 때문입니다. 마찬가지로 수능 100% 전형도 점점 줄어들고, 수능+학생부, 수능+교과역량, 수능+출결·봉사 전형 등 플러스 알파형 전형이 늘어날 가능성이 높습니다.

대학 입장에서 또 하나의 중요한 과제는 중도 탈락률입니다. 대학들이 전형별 입학생의 적응 정도를 추적 조사했는데, 학생부 종합전형으로 입학한 학생들의 중도 탈락률이 수능 위주의 정시 전형 학생들의 약 3분의 1 수준에 불과하다고 합니다. 이는 학생부 종합전형으로 입학한 학생들은 진로를 고려해 학과를 선택하는 반면, 정시 전형 학생들은 점수에 맞춰 지원하는 경우가 많기 때문입니다. 대학은 등록금을 안정적으로 납부하며 학업을 지속할 학생을 원하기 때문에, 앞으로 학생부 정성 평가의 비중이 점점 더 커질 수밖에 없습니다. 특히 상위권 대학들은 의대 진학을 목표로 임시 선택한 학생들의 중도 탈락 문제를 줄이기 위해 더욱 진로 적성 기반의 선발 방식을 강화하려 할 것입니다.

결국 입시는 점점 더 종합적이고 다층적인 평가로 전환될 것입니다. 변별력을 높이기 위해 학생부, 면접, 수능 등 평가 요소를 복합적으로 활용할 가능성이 크다는 뜻입니다. 이로 인해 우리 아이들이 준비해야 할 것은 명확해졌습니다. 더 이상 내신 위주, 수능 위주의 공부법만으로는 통하지 않는다는 것입니다. 빠른 선행과 반복 학습이 성공 전략이었던 과거 입시와 달리, 앞으로는 탐구와 토론, 글쓰기, 그리고 학교생활 충실도가 결정적인 힘을 발휘하게 될 것입니다.

# 대입 개편, 서울대를 보아야 길이 보입니다

서울대 2028학년도 대입 개편안은 앞으로의 변화를 가늠할 가장 중요한 기준입니다. 서울대가 입시 방향을 정하면 고등학교의 준비 전략이 바뀌고, 다른 대학들 역시 이를 따라가는 도미노 효과가 늘 있었기 때문입니다. 물론 각 대학의 위치나 특성에 따라 방식은 조금씩 다르지만, 전체적인 흐름은 서울대의 행보를 따를 수밖에 없습니다. 따라서 서울대 입시 전형의 변화를 살펴보는 것은 매우 중요한 의미를 갖습니다.

서울대는 이미 2023학년도부터 정시 모집에서 수능 성적 외에 교과 평가를 반영하기 시작했습니다. 정시에서 수능 100% 선발이 일반적이었지만, 서울대는 수능 위주 전형(일반)에서 1단계 수능 성적으로 2배수를 뽑고, 2단계에서는 총점의 20%를 교과 평가로 반영해 왔습니다.

그런데 2028학년도 개편안은 한 걸음 더 나아갑니다. 서울대는 지금까지 유지해 온 정시 모집의 수능 위주 전형(지역 균형)을 폐지하고 수시 학생부 종합전형(지역 균형)의 선발 인원을 확대합니다. 이는 공공성과 다양성 확보, 그리고 학교 교육을 성실히 이수한 인재 선발이라는 전형 취지에 따른 것입니다. 또한 수시모집 학생부 종합전형(지역 균형)은 교육 불균형을 해소하고 지역별 우수 인재의 균형적 선발을 위해 자율형 사립고, 외국어고, 국제고, 과학고, 영재학교 지원 자격을 제한한 것이 눈에 띕니다. 수능 위주 전형(일반)의 경우, 1단계 선발 방식을 표준점수 합산이 아닌 등급 합산으로 바꾸고, 모집 인원도 2배수에서 3배수로 늘립니다. 그리고 최종 선발 단계에서는 교과 역량 평가 비중을 20%에서 40%로 확대하고, 점수 산출 방식도 표준점수 합산에서 백분위 합산으로 전환합니다.

**▌서울대학교 정시 모집 변화**

| 구분 | ~ 2027 | 2028 개편(안) |
|---|---|---|
| 수능 위주 전형(일반) | 1단계: 수능 100%<br>(2배수, 표준점수 합산)<br>2단계: 수능(표준점수 합산) 80% +<br>교과 역량 20% | 1단계: 수능 100%<br>(3배수, 등급 합산)<br>2단계: 수능(백분위 합산) 60% +<br>교과 역량 40% |
| 수능 위주 전형(지역 균형) | 수능(표준점수 합산) 60% +<br>교과 역량 40% | 폐지, 수시 학생부 전형(지역 균형)<br>선발 인원 확대 |

특히 주목해야 할 부분은, 최상위권 대학인 서울대가 수능 반영 방법을 1단계에서 등급 합산을, 2단계에서 백분위 합산을 택했다는 점입니다. 상위권 대학일수록 표준점수를 사용해야 변별력이 커집니다. 그런데 서울대가 등급과 백분위를 선택했다는 것은 수능점수 자체보다 고교 교과 학업 충실도와 연계된 교과 역량평가에 더 큰 비중을 두겠다는 의미입니다. 즉, 수능을 절대적 경쟁시험이 아니라 기본 학업 소양을 확인하는 자격시험처럼 활용하겠다는 뜻으로 읽을 수 있습니다.

서울대가 평가하는 교과 역량 평가의 핵심 요소는 다음과 같습니다.

- 과목 선택 : 진로 관심과 적성에 따른 교과(목)를 적극적으로 선택하고 이수했는지
- 학업 성적 : 교과 성취도가 우수한지
- 세부능력 및 특기사항(세특) : 고교생활을 충실히 하고 학업수행능력을 드러냈는지

결국 서울대의 변화는 단순히 한 대학의 입시 제도 조정이 아니라, 앞으로 대입 전체의 흐름을 미리 보여주는 신호입니다. 따라서 학부모는 아이의 교육과정을 설계할 때 단순히 수능 점수 향상만 바라보는 것이 아니라, 교과 선택, 내신, 세부능력 및 특기사항 관리까지 유기적인 연결을 고민해야 합니다.

# 앞으로 '김정시'는 살아남기 힘듭니다

대치동에서는 '정시만 바라보는 학생'을 일컫는 '김정시'라는 용어가 흔히 사용됩니다. 그만큼 내신 성적으로 원하는 대학 진학이 어렵다고 판단하여 정시에 올인하는 학생들이 많습니다. 대개 2학년 2학기쯤 되면 많은 학생이 '정시파'로 돌아섭니다. 내신 성적으로는 원하는 대학 진학이 어렵다고 판단해, 수능 중심의 정시에 올인하기로 결심하는 것이지요. 바쁜 수험 생활에서 선택과 집중을 하는 것은 합리적인 판단입니다. 그러나 앞으로는 '정시 올인 전략'이 어려워질 전망입니다.

그 이유는 단순합니다. 정시도 더 이상 수능만으로 선발하는 구조가 아니기 때문입니다. 2028학년도 입시부터 경희대는 정시 모집에 수능·학생부 전형을 신설하여 전체 수능 일반전형 모집 인원의 70%를 선발할 예정입니다. 수능 성적 90%에 학생부 교과/비교과(출결/봉사)를 10% 반영한다고 발표했습니다. 건국대 또한 2028학년도부터 자유전공학부 학생을 선발할 때, 수능 80%, 학생부 정성 평가를 20% 반영할 예정입니다. 학생부 정성 평가의 평가 항목은 과목 이수 이력, 세부능력 및 특기사항이라고 밝혔습니다. 서울대, 고려대, 연세대, 한양대, 부산대, 성균관대 등은 이미 정시에서 학생부를 반영하고 있습니다. 앞으로 이 흐름은 더욱 확산될 가능성이 높습니다. 결국 '수능점수만 잘 받으면 된다'라는 공식은 더는 통하지 않게 되는 것이지요.

**▌정시 학생부 반영 대학_2026 대입 기준**

| 대학명 | 반영 방식 | 적용 모집 단위 | 비고 |
|---|---|---|---|
| 서울대 | 정성 평가(교과 평가) | 전 모집 단위 | 지역 균형: 40%,<br>일반: 2단계 20% |
| 고려대 | 정량 평가(교과성적) | 전 모집 단위<br>(교과우수자전형) | 수능 80% + 내신 20% |
| 연세대 | 정량 평가(교과 + 출결) | 전 모집 단위<br>(예체능 제외) | 수능 95% + 내신 5% |
| 한양대 | 정성 평가(종합 평가) | 전 모집 단위<br>(일반전형) | 수능 90% +<br>학생부 종합 10% |
| 부산대 | 정성 평가<br>(학업 역량 평가) | 의예과, 치의예과 | 수능 80% +<br>학생부 20% |
| 성균관대 | 정성 평가(종합 평가) | 사범대학 모집 단위 | |

입시 관련 기사 댓글을 보면 이런 글을 쉽게 볼 수 있습니다.

〈수시, 수행평가 없애자. 모두 정시로 가자!〉

이 주장의 밑바탕에 '정시는 누구에게나 공정하다', '정시는 단순하고 투명하다'라는 인식이 깔려 있습니다. 실제로 정부는 입시 공정성을 강화한다는 명분으로 2022학년도부터 서울 주요 16개 대학(건국대, 경희대, 고려대, 광운대, 동국대, 서강대, 서울시립대, 서울대, 서울여대, 성균관대, 숙명여대, 숭실대, 연세대, 중앙대, 한국외국어대, 한양대)에 정시 비중을 40% 이상 확대하도록 권고했습니다. 하지만 결과는 예상과 달랐습니다. 정시 확대 이후 재수생의 비율이 급증했고, 검정고시를 택해 수능에 응시하는 학생도 크게 늘었습니다.

**수능 지원자(재학생/졸업생/검정고시) 비율 변화(2010~2025학년도 수능)** (단위: %)

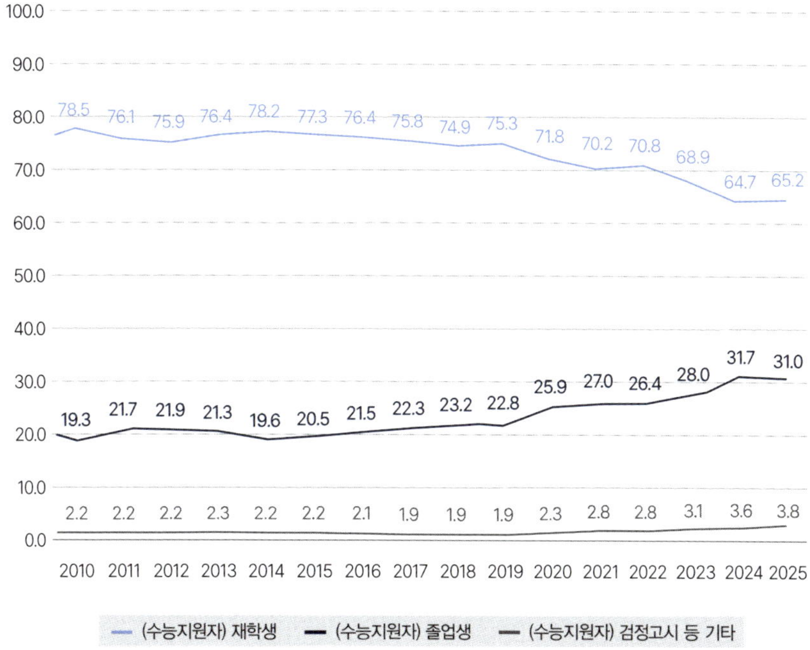


출처: 대입 N수생 증가 실태 및 원인과 완화 방안, 한국교육개발원

위 그래프는 2010년 이후 재수생 비율의 변화를 나타내고 있습니다. 2020년부터 재수생의 수는 급격하게 증가하여 현재는 재수생의 비율이 30%를 넘고 있습니다. 또 검정고시를 보고 수능에 응시하는 학생의 비율은 3.8%대로 지난 16년 중에 가장 높은 비중을 차지하고 있는 것을 확인할 수 있습니다. 이는 수능을 보기 위해 학교를 자퇴하고 검정고시를 준비하는 학생들이 증가하고 있다는 것으로 특히 강남 3구에서 그 현상이

두드러졌습니다. '공정성을 확대한다'라는 취지였지만, 오히려 경쟁은 심해지고 사교육 의존도도 높아졌음을 알 수 있습니다.

다음 표를 보면 부모의 사회경제적 지위(SES)가 높을수록 N수생의 비율이 높으며, N수생들이 부모의 사회경제적 지위가 높을수록 인터넷 강의에 비해 상대적으로 돈이 더 많이 드는 학원, 과외 참여 여부가 높은 것을 알 수 있습니다.

**▌부모의 사회적 지위에 따른 대입 준비(N수) 여부 및 사교육 참여 현황**

(단위: %)

| 부모의 SES 분위 | 2022학년도 (반수/재수) (N=5,704) | | 2023학년도 (~삼수) (N=5,229) | | 2024학년도 (~사수) (N=4,953) | | 2022학년도 대입준비 기간 (반수/재수) 사교육 참여 여부 (N=1,158) | | |
|---|---|---|---|---|---|---|---|---|---|
| | 예 (n=1,158) | 아니오 (n=4,546) | 예 (n=416) | 아니오 (n=4,813) | 예 (n=354) | 아니오 (n=4,599) | 학원·과외 (n=499) | 인터넷강의 (EBS 제외) (n=400) | 참여 안 함 (n=259) |
| 1분위(하위) | 10.7 | 89.3 | 4.7 | 95.3 | 7.4 | 92.6 | 24.0 | 40.5 | 35.5 |
| 2분위 | 14.2 | 85.8 | 5.5 | 94.5 | 5.5 | 94.5 | 26.8 | 43.9 | 29.4 |
| 3분위 | 18.5 | 91.5 | 7.0 | 93.0 | 6.8 | 93.2 | 36.3 | 37.3 | 26.4 |
| 4분위 | 23.8 | 76.2 | 9.1 | 90.9 | 7.2 | 92.8 | 46.4 | 34.9 | 18.7 |
| 5분위(상위) | 35.1 | 64.9 | 14.1 | 85.9 | 9.1 | 90.9 | 57.8 | 26.6 | 15.6 |
| 전체 | 20.3 | 79.7 | 8.0 | 92.0 | 7.1 | 92.9 | 43.1 | 34.5 | 22.4 |

출처: 대입 N수생 증가 실태 및 원인과 완화 방안, 한국교육개발원

객관식 시험이고 점수가 명확히 나오기 때문에 겉보기에는 공정해 보이지만, 실제 현실은 전혀 그렇지 않은 셈입니다. 대치동을 들여다보면 정시가 정말 공정한가에 대한 의문이 듭니다. 이곳에는 서울대와 카이스트 출신 강사들이 몰려들고, 상위권 대학에 입학한 학생들이 조교나 과외 선생님으로 돌아와 후배들을 가르칩니다. 명문대 입학 → 대치동 강사 → 입시 지도라는 순환 구조가 형성되어 있는 것이죠. 결국 정시는 누구에게나 열려 있는 공평한 길이 아니라, 사교육 자원이 집중된 지역에서

더 강력하게 작동하는 통로가 되고 있습니다. '점수만 잘 받으면 된다'라는 말 뒤에는, 점수를 잘 받게 만들어 주는 지역과 환경이 존재한다는 사실을 간과해서는 안 됩니다.

이러한 현실을 대학도 인식하고 있습니다. 서울대, 한양대, 동국대는 2028학년도 입시부터 정시 모집 비율을 기존 40%에서 30%로 줄일 예정입니다. 앞으로 다른 대학도 비슷한 흐름을 따를 가능성이 큽니다. 즉, 수능만 바라보는 '정시 올인 전략'은 점점 더 불리해질 수밖에 없습니다.

학부모 관점에서 '정시는 공정하다'라는 말은 솔깃하게 들립니다. 복잡한 학생부 종합전형에 비해 단순하고, 누가 봐도 명확한 점수가 나오니 불안감이 적기 때문이죠. 하지만 현실은 다릅니다. 정시는 더 이상 수능 하나로 뚫리는 길이 아니며, 사교육 환경이 좋은 학생들에게 더 유리한 전형임을 알아야 합니다.

# 고1 중간고사 2등급, 성급한 자퇴는 금물입니다

2025년, 5등급제가 시행되는 고등학교 1학년은 '한 과목이라도 2등급이 나오면 인서울 대학이 불가능하다.'라는 괴담이 빠르게 퍼졌습니다. 그 결과, 강남권 명문고에 입학한 학생 중 일부가 1학기 중간고사 이후 전학이나 자퇴를 고민하는 경우가 적지 않았습니다. 생각보다 치열한 경쟁을 체감하며 다른 길을 모색하려는 것인데요. 실제로 자퇴 후 검정고시를 준비하거나, 내신이 유리한 학교로 재입학하려는 움직임도 있었습니다. 제도 변화에 따른 불안과 과도한 경쟁이 빚어낸 현상입니다.

그렇다면 '5등급제에서 전 과목 1등급은 얼마나 될까?'

많은 학부모가 궁금해하는 질문입니다. 고교학점제가 도입되면서 내신 체계가 9등급제에서 5등급제로 바뀌었습니다. 9등급제의 1등급은 4%였으나 5등급제에서는 상위 10%까지 1등급에 포함됩니다.

### 내신 9등급제-5등급제 비율

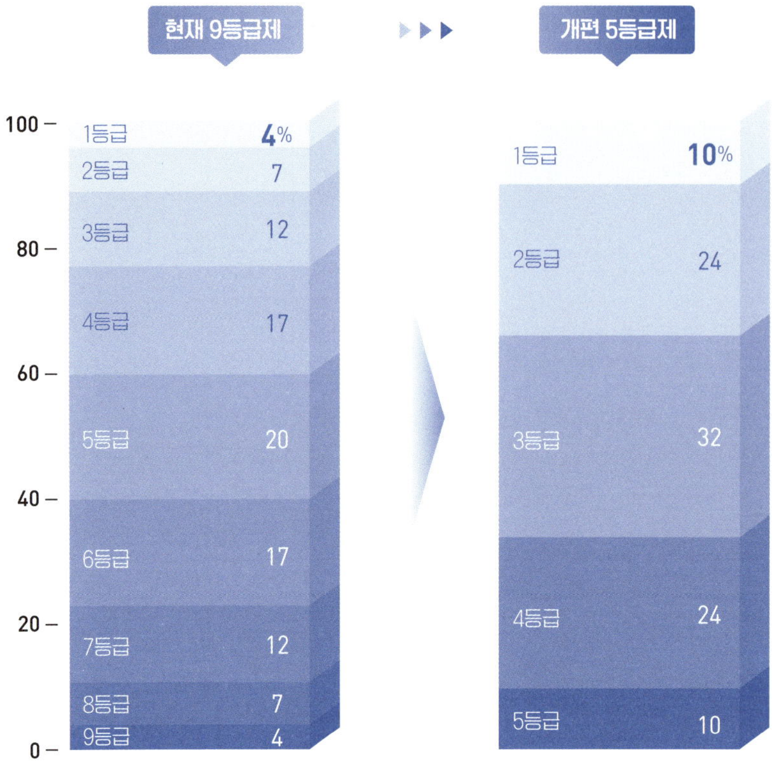


*내신 5등급제 2025년부터 도입

출처: 교육부

표면적으로는 부담이 줄어든 것처럼 보이지만, 실제로는 2등급 이하 성적을 받는 것에 대한 부담이 커졌습니다. 그래서 2등급이 하나라도 나오면 이미 대입에 실패했다고 생각하게 된 것이지요. 하지만 실제 전 과목 1등급 학생 비율은 예상보다 훨씬 적습니다. 부산시 교육청 조사에 따르면, 2025년 기준 고등학교 1학년 학생 1만 3,553명 중 1학년 1학기에 전 과목에서 1등급을 받은 학생은 2.07%에 불과했습니다. 과목별 1등급 비율이 10%라고 해서 곧바로 '전 과목 1등급 = 10%'가 되는 것이 아니라는 점이 확인된 것입니다.

▌내신 5등급제-9등급제 성적 비교

| 5등급제 성적(1학기 평균) | 누적 백분위 | 9등급제 성적(5학기평균) |
| --- | --- | --- |
| 1.00등급 (5학기추정치) | 0.50% | 1.22등급 |
| | 0.75% | 1.29등급 |
| | 1.00% | 1.38등급 |
| 1.00등급 | 2.07% | 1.64등급 |
| 1.16등급 | 2.85% | 1.81등급 |
| 1.33등급 | 5.03% | 2.18등급 |
| 1.50등급 | 7.30% | 2.48등급 |
| 1.66등급 | 9.97% | 2.76등급 |
| 1.83등급 | 13.56% | 3.07등급 |
| 2.00등급 | 18.59% | 3.44등급 |
| 2.50등급 | 31.87% | 4.22등급 |
| 3.00등급 | 51.18% | 5.08등급 |
| 4.00등급 | 85.22% | 6.69등급 |
| 5.00등급 | 100.00% | 9.00등급 |

출처: 부산시 교육청

이 괴담이 퍼진 배경에는 오해와 과장된 불안이 자리 잡고 있습니다. 유튜브나 사교육 시장에서는 '전 과목 1등급 학생이 크게 늘 것'이라는 식의 공포 마케팅이 등장했습니다. '한 과목 2등급=인서울 불가'라는 단순한 공식은 성립하지 않습니다. 다음의 보이지 않는 변수를 고려해야 합니다.

**첫째, 선택 과목의 증가입니다.** 고교학점제에서는 학생이 선택할 수 있는 과목이 크게 늘었습니다. 이는 곧 한 과목당 수강하는 학생 수가 줄어든다는 의미입니다. 예를 들어,, 300명 중 상위 30등 안에 드는 것과 50명 중 상위 5등 안에 드는 것은 난이도가 다릅니다. 특히 상위권 학생들이 선호하는 과목은 집중도가 높아져 1등급을 받기가 어려워집니다. 즉, 과목이 늘고 선택의 폭이 넓어질수록 상위권 학생들도 특정 과목에서 2등급 이하를 받을 가능성이 높습니다.

**둘째, 상대평가 과목의 확대입니다.** 과거에는 상위권 학생들이 주로 선택하는 진로 선택 과목인 물리Ⅱ, 화학Ⅱ, 생명과학Ⅱ, 지구과학Ⅱ, 기하 등이 절대평가(3등급제)로 운영되었습니다. 그러나 2022 개정 교육과정에서는 위와 유사한 과목들이 상대평가(5등급제)로 전환되었고 그 결과, 이전보다 상대평가 과목 수가 7~8개 늘어날 것으로 예상됩니다. 학년이 올라갈수록 과목별 인원이 적어지고 내용이 깊어지기 때문에, 1등급을 꾸준히 유지하기는 더욱 어려워집니다.

부산시 교육청이 공개한 자료는 불안한 학부모에게 중요한 기준을 제공합니다. 부산시 교육청은 5등급제로 치른 2025년 고1의 성적 분포와, 9등급제에서 치른 2024년 고3의 5학기 평균 등급의 성적 분포를 비교한 결과, 1등급과 2등급을 고르게 받은 학생, 즉 1.5등급을 받은 학생은 9등급제 환산으로 약 2.48등급에 해당할 것으로 추정했습니다. 이는 단순히 전 과목 1등급을 받지 못했다고 상위권 대학 진학이 불가능하다는 뜻이 아님을 보여줍니다. 학생부 교과전형에서는 다소 불리할 수 있지만, 학생부 종합전형에서는 여전히 충분히 기회가 열려 있습니다.

단순히 1학기 성적만으로 전학이나 자퇴를 서두르는 것은 위험합니다. 동일 학군 내 전학은 결원이 있어야 가능하고, 새로운 학교에 적응하는 과정에서 아이가 겪는 스트레스도 큽니다. 더구나 내신을 잘 받을 수 있을 것이라는 계산으로 성적 관리에 유리해 보이는 학교로 전학을 선택하더라도, 실제로는 기대만큼 성과가 나오지 않는 경우가 많습니다. 그리고 자퇴는 더욱 신중해야 합니다. 학교는 지식만 가르치는 곳이 아니라 공동체 활동, 의사소통 훈련, 가치관 형성의 장이기도 하기 때문입니다.

통합형 수능이 어느 정도 변별력을 가질지도 아직 불확실합니다. 그러나 분명한 것은, 괴담에 휘둘리기보다 실제 자료와 제도를 정확히 이해하는 것이 부모와 학생 모두에게 훨씬 도움이 된다는 사실입니다. 성급한 결정보다 아이가 지금 다니는 학교에서 차근차근 자기 관리와 학업 역량을 쌓을 수 있도록 돕는 것이 중요합니다.

# 새로운 입시, 숫자만큼 텍스트가 중요해집니다

2019년, 대입 공정성 방안이 시행되면서 대학에 제공되는 학생부 항목이 대폭 축소되었고, 이로 인해 내신 성적이 대입 결과를 좌우하는 핵심 요소로 부상했습니다. 다음 표에서 '미기재'는 아예 기록되지 않는 것이고, '미반영'은 기록은 되지만 대입 전형 자료로 전송되지 않는 것을 의미합니다.

2024학년도부터는 자율 동아리, 교내 수상, 독서 활동, 개인 봉사활동 등 주요 비교과 항목이 대입 전형 자료로 반영되지 않습니다. 자기소개서와 교사 추천서까지 폐지되면서 모든 학생에게 '세부능력 및 특기사항(세특)' 작성이 적용되었지만, 교과 성적이 여전히 가장 주요한 평가 요소가 되었습니다.

**▌대입제도 공정성 강화 방안에 따른 학생부 변화**

| 구분 | | 학생부 신뢰도 제고방안<br>2023학년도 대입 | 대입제도 공정성 강화방안<br>2024~2026학년도 대입 |
|---|---|---|---|
| 교과활동 | | • 방과후학교 활동(수강) 내용 미기재 | • 방과후학교 활동(수강) 내용 미기재<br>• 영재·발명교육 실적 대입 미반영 |
| 비교과영역 | 동아리활동 | • 자율동아리는 연간 1개(30자)만 기재<br>• 청소년단체활동은 단체명만 기재<br>• 소논문 기재 금지 | • 자율동아리 대입 미반영<br>• 청소년단체활동 미기재<br>• 소논문 기재 금지 |
| | 봉사활동 | • 특기사항 미기재<br>• 교내·외 봉사활동실적 기재 | • 특기사항 미기재<br>• 개인봉사활동 실적 대입 미반영<br>단, 학교교육계획에 따라 교사가 지도한 실적('학교'로 등록)은 대입 반영 |
| | 진로활동 | • 진로희망분야 대입 미반영 | • 진로희망분야 대입 미반영 |
| | 수상경력 | • 교내수상 학기당 1건만(3년간 6건) 대입 반영 | • 대입 미반영 |
| | 자격증 및 인증취득상황 | • 대입 미반영(국가직무능력 표준 이수상황은 제공) | • 대입 미반영(국가직무능력 표준 이수상황은 제공) |
| | 독서활동 | • 도서명과 저자 | • 대입 미반영 |

출처: 교육부

이번 교육과정 개편에서 부모님들이 특히 주목해야 할 부분은 성취도와 성취도별 분포 비율의 표기 범위 확대입니다. 2015 개정 교육과정에서는 이 두 항목이 진로 선택 과목에서만 표기되었으며 대입 반영 비중이 미미했습니다. 그러나 2022 개정 교육과정부터는 체육·예술 교과, 과학탐구 실험, 교양 교과를 제외한 모든 과목에 성취도와 성취도별 분포 비율이 제공됩니다.

▌교과 학습 발달 상황 기재의 예

| 학기 | 교과 | 과목 | 학점 | 원점수/과목 평균 | 성취도 | 성취도별 분포비율 | 석차 등급 | 수강자 수 | 비고 |
|---|---|---|---|---|---|---|---|---|---|
| 1 | 국어 | 문학 | 3 | 39/70 | E | A(11.2)<br>B(24.3)<br>C(31.7)<br>D(24.3)<br>E(8.5) | 5 | 60 | |

출처: 2025학년도 학교생활기록부 기재 요령

예를 들어 표의 문학 과목처럼 성취도별 학생 비율이 공개됩니다.

A: 11.2%, B: 24.3%, C:31.7%, D: 24.3%, E:8.5%

대학은 이 수치를 통해 시험의 난이도와 학생들의 학업 성취 수준을 함께 파악할 수 있습니다.

앞으로 대학이 이 수치를 주요 자료로 활용할 가능성이 높습니다. 석차 등급만으로 평가하면 학생의 과목 선택권을 보장해야 하는 고교학점제의 본래 취지와 맞지 않기 때문입니다. 따라서 평가 시에는 성취도, 수강자 수, 과목 평균, 성취도별 분포 비율, 그리고 선택 과목의 진로 연계성 등이 함께 고려됩니다.

석차 등급은 상대평가이지만, 성취도는 절대평가입니다. 다른 학생의 성적과 관계없이 학생 개인의 성취 수준에 따라 평가가 달라집니다.

고교에서는 과목별로 다음 두 가지를 혼합하여 사용합니다.

– 고정 분할 점수 방식(예 90점 이상이면 A, 80점 이상이면 B)

– 단위 학교 분할 점수 방식(학교별 난이도 반영)

단위 학교 분할 점수 방식에서는 학교별로 학생의 수준을 파악하여 담당 교사가 직접 기준을 설정합니다. 시험을 치르기 전 공지하게 되어 있어, 분할 점수를 보고 시험의 난이도를 사전에 예측할 수 있습니다.

**▌단위 학교 분할 점수의 예**

성취도
A-B-C-D-E

| 성취율 | 성취도 | 분할점수(예시) |
|---|---|---|
| 90% 이상 | A | 88점 |
| 80% 이상 ~ 90% 미만 | B | 79점 |
| 70% 이상 ~ 80% 미만 | C | 67점 |
| 60% 이상 ~ 70% 미만 | D | 58점 |
| 40% 이상 ~ 60% 미만 | E | 45점 |
| 40% 미만 | 미이수 | - |

※ 예외과목: 체육 · 예술 교과 및 과학탐구실험(A/B/C), 교양교과(P)

출처: 교육부

경희대학교의 2028학년도 전형은 이러한 입시 변화의 흐름을 명확히 보여줍니다.

학생부 종합(네오르네상스)전형은 두 가지 유형으로 나뉘며, 새로 신설된 '서류형'은 모집 인원의 30%를 절대평가 성취도로만 선발하고 상대평가 석차 등급은 반영하지 않습니다.

**2028학년도 경희대학교 학생부 종합전형 주요 변경 사항**

| 구분 | 학생부 종합[네오르네상스(면접형)] | 학생부 종합[네오르네상스(서류형)] - 신설 |
|---|---|---|
| 모집인원 | 기존 모집인원의 70% 내외 | 기존 모집인원의 30% 내외<br>* 자율/자유전공학부 인원 다수 배정 |
| 전형방법 | • 1단계(일반학과 4배수, 의학계열/약학과 5배수) 서류평가 100%<br>• 2단계 1단계 성적 70% + 면접평가 30% | 일괄합산: 서류평가 100% |
| 학생부 반영 | 학생부 상대평가 석차등급 + 절대평가 성취도 | 학생부 절대평가 성취도<br>***서류평가시스템에 상대평가 석차등급 미탑재** |
| 수능최저 학력기준 | 수능 최저학력기준 없음 | 수능 최저학력기준 있음<br>- 일반학과: 상위 2개 영역 등급의 합 5 이내, 한국사 5등급 이내<br>- 의학계열/약학과: 상위 3개 영역 등급의 합 4 이내, 한국사 5등급 이내<br>- 예술/체육: 1개 영역 이상이 3등급 이내<br>***모든 계열의 탐구 과목은 통합사회와 통합과학 중 상위 1과목 반영** |
| 교과이수 권장과목 대입반영 | • 인문계열, 자율 · 자유전공학부: 없음<br>• 자연계열: 대학 자연계열 학문 분야 교과 이수 권장 과목 수정 안내(2025. 8. 28) 핵심 · 권장 과목과 그 외 관련 과목 이수 여부를 종합적으로 살펴 정성적으로 평가 반영<br>**※ 핵심 과목 - 중요하게 긍정 평가, 권장 과목 - 종합적으로 고려하여 긍정 평가** | |

출처: 2028학년도 경희대학교 대학 입학전형 계획 주요 사항

또한 학생부교과(지역균형전형)에서는 교과 성적 70%와 비교과(출결 · 봉사) 및 종합평가 30%가 반영됩니다. 특히 사회 및 과학의 진로 선택 과목에 대해서는 석차 등급과 성취도 중 학생에게 더 유리한 결과를 적용합니다. 예를 들어,, 석차 3등급이지만 성취도 A를 받은 경우라면 상위 성적인 성취도 A가 반영됩니다.

이는 학생이 석차 2등급을 받았다고 해서 좌절할 필요가 없는 이유를

제시합니다. 즉, 대학은 앞으로 단순히 숫자(등급)가 아닌 텍스트(서류 내용)의 맥락과 진정성을 중심으로 평가하려는 시도를 강화할 것입니다.

**▌2028학년도 경희대학교 학생부 교과전형 주요 변경 사항**

| 구분 | 학생부교과(지역균형전형) 주요 사항 |
|---|---|
| 학생부 반영방법 | • 공통/선택과목(일반 + 진로 + 융합선택) - 상대평가(교과 등급) 반영<br>***단, 성취도만 제공되는 사회/과학 융합선택과목은 미반영**<br>- 탐구교과(사회/과학)의 진로선택과목은 상대평가와 절대평가 중 상위 성적 반영<br>예 석차 3등급, 성취도 A의 경우, 상위 성적인 성취도 A=1등급으로 반영<br>• 대학 계열별로 학생부 교과 다르게 반영<br>- 인문계열: 국어, 수학, 영어, 사회, 한국사 교과별 전체 과목<br>- 자연계열: 국어, 수학, 영어, 과학, 한국사 교과별 전체 과목<br>- 자율/자유전공학부 등: 국어, 수학, 영어, 사회, 과학, 한국사 교과별 전체 과목<br>- 예술/체육: 국어, 영어 교과별 전체 과목 |
| 교과이수 권장과목 대입반영 | • 인문계열/자율 · 자유전공학부: 없음<br>• 자연계열: 대학 자연계열 학문 분야 교과 이수 권장 과목 수정 안내 (2025. 8. 28)<br>핵심 · 권장 과목과 그 외 관련 과목 이수 여부를 종합적으로 살펴 정성적으로 평가 반영<br>***핵심 과목 - 중요하게 긍정 평가, 권장 과목 종합적으로 고려하여 긍정 평가** |

출처: 2028학년도 경희대학교 대학 입학전형 계획 주요 사항

앞으로 입시는 단순히 점수 경쟁이 아니라 성장 이야기 경쟁이 될 것입니다. 내신과 수능이 여전히 중요하지만, 이 두 지표만으로는 학생의 학습 여정과 가능성을 설명하기 어렵습니다. 결국 부모가 해 줄 수 있는 가장 큰 지원은 성적표의 숫자를 넘어 아이의 학습 맥락과 성장의 흐름을 함께 이해하고 돕는 것입니다. 석차 등급 하나로 불안해하는 아이에게 새로운 관점을 제시할 수 있어야 새로운 입시 흐름에 올라탈 수 있습니다.

# AI가 서술형 답지를 채점해 준다고요?

"어머니, 제 말도 좀 들어보세요."

평소 점잖고 조용했던 부장 선생님이 교무실에 울릴 정도로 큰 목소리를 내셨습니다. 이는 로크의 사회계약론 수행평가에서 2점 감점을 받은 학생의 학부모가 항의 전화를 했기 때문이었습니다. 해당 교사가 관련 분야에서 박사 학위를 소지한 상태이고 같은 기준으로 채점했음에도, 학부모는 끝까지 주장을 굽히지 않아 부장 선생님이 큰 소리로 통화를 하셨던 것입니다.

최근 서울대학교에서도 이와 유사한 사례가 화제가 되었습니다. 한 학부모가 자녀의 C 성적이 부당하다며 교수에게 재채점을 요구하는 메일을 보냈고, 자녀가 영재학교 출신이며 수학, 물리학에 탁월하다는 점을 강조하며 법적 조치까지 검토하겠다고 협박했던 사건입니다. 이제 성적 공정성은 학교 안팎을 막론하고 매우 민감한 주제가 되었습니다.

객관식 평가는 표면적으로 가장 공정하고 경제적이며 성적 논란의 여지가 적은 평가 방식입니다. 그러나 교육적인 한계가 명확합니다. 객관식 시험은 문제풀이 기술로 실제 실력 이상의 점수를 받을 수 있고, 깊이 있는 사고 대신 문제 유형에 맞춘 학습으로 흐르기 쉽습니다. 특히 수능이 도입된 지 오래되어 문제 유형이 고착화되면서, 미리 준비하고 더 많이 연습한 학생이 유리하다는 우려가 지속적으로 제기되고 있습니다.

고등학교 내신 역시 수능과 다른 형태의 출제는 학생들에게 또 다른 부담을 줄 수 있고, 학교 수업이 수능 준비에 도움이 되기를 바라는 학교의 의도 때문에 수능 경향에 맞춰 출제될 수밖에 없습니다. 이처럼 평가 방식은 학생들의 공부 방향을 결정짓기 때문에 매우 중요합니다.

따라서 오래전부터 수능에 서 · 논술형 평가를 반영해야 한다는 주장이 있었으나, 채점 기준을 세워도 공정성 논란에서 완전히 벗어나기 어렵다는 현실적인 문제 때문에 도입이 쉽지 않습니다. 이러한 이유로 학교 수행평가마저 본래의 목적인 암기 위주의 지필평가 한계 극복, 전인적인 성장 및 고차원적 사고 능력 함양 대신 객관성과 공정성에만 초점을 맞추어 운영되는 경우가 많습니다.

하지만 이제 이러한 평가의 한계를 인공지능(AI) 기술이 바꿀 수 있다는 의견이 나오고 있습니다. 과거 객관식 답안을 수동으로 채점하던 방식이 OMR 리더기로 대체되었듯이, 기술은 평가의 형태 자체를 혁신적으로 변화시켜 왔습니다.

다음 예시는 삐뚤삐뚤한 글씨를 구글 제미나이로 인식해 본 것입니다. 인식률과 정확도가 매우 높다는 것을 알 수 있습니다. 이런 구글 제미나이와 같은 AI의 높은 필적 인식 정확도는 복잡한 주관식 평가의 가능성을 열어줍니다.

**구글 제미나이를 이용한 글씨 추출**

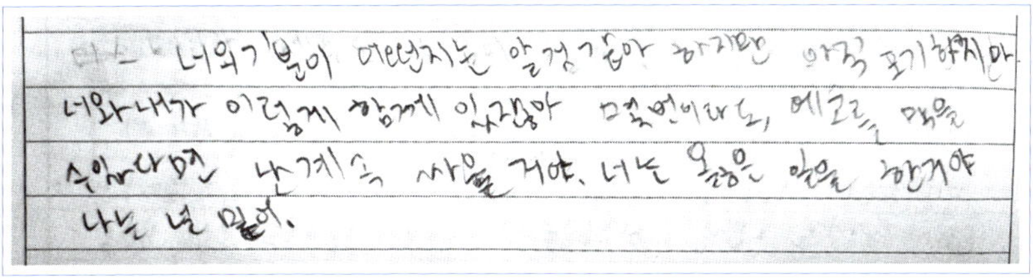

▼

너의 기분이 어떤지는 알 것 같아 하지만 아직 포기하지마.
너와 내가 이렇게 함께 있잖아 몇 번이라도, 에코를 막을 수 있다면
난 계속 싸울 거야. 너는 옳은 일을 한 거야. 나는 널 믿어.

이러한 변화는 서 · 논술형 평가에서도 나타날 수 있습니다.

경기도교육청은 2025년 7월부터 '하이러닝 인공지능 서 · 논술형 평가 시스템'을 운영하고 있습니다. 이 시스템은 교사가 설계한 기준에 따라 AI가 학생의 답안을 자동 채점하고, 개별 피드백까지 제공합니다. 손글씨 답안은 OCR(문자인식) 기술로 디지털화해 처리되며, 중학교 1학년, 고등학교 1학년의 국어, 사회, 과학 과목에서 먼저 시행됩니다. 물론 시스템이 자리 잡기까지는 시행착오가 있겠지만, 저는 이러한 시도 자체만으로도 의미가 매우 크다고 생각합니다.

이 변화는 대학 입시에도 영향을 미칠 것입니다. 2028학년도 대입부터는 수행평가 영역명이 대학에 제공됩니다. 이제 대학은 과목별 점수뿐 아니라 수업에서 어떤 활동을 했는지, 어떤 결과물을 만들어 냈는지를 세부능력 및 특기사항과 함께 확인하게 됩니다. 학생의 탐구력, 창의성, 논리적 사고력을 입체적으로 평가하겠다는 제도적 변화입니다.

서 · 논술형 문항의 채점이 더 수월해지고 과정이 한층 공정해질 수 있다면, "예전에는 서 · 논술형 평가를 사람이 직접 채점했대." 하며 웃게

될 날이 올지도 모르겠습니다. 학생 수 감소 또한 서 · 논술형 평가의 보편화를 앞당길 요인이 될 것입니다. 확실한 것은 우리 교육의 평가 방식이 객관식 중심에서 서 · 논술형 중심으로 이동하고 있다는 사실입니다.

# 대치동 엄마는 다 아는 입시의 새로운 KEY

지금까지의 내용을 통해 고등학교 교육과정, 등급 체제, 수능을 비롯한 대입 제도가 큰 변화를 맞이하고 있다는 사실을 감지하셨을 것입니다. 많은 부모님이 '하필이면 왜 우리 아이 때 이런 변화가 생길까'라는 아쉬움을 토로하곤 합니다. 그러나 더 중요한 것은 변화 자체를 한탄하는 것이 아니라, 변화 속에서 아이에게 가장 도움이 되는 길을 찾아내는 일입니다. 입시는 늘 변해왔고, 앞으로도 변할 것이기 때문입니다.

그렇다면 앞으로 어떤 능력이 중요해질까요? 대치동을 비롯한 교육 현장은 이미 새로운 키워드로 술렁이고 있습니다. 바로 탐구력과 논리적 글쓰기인데, 이 두 가지는 단기간에 길러지는 능력이 아닙니다. 특히 학원 중심의 수동적인 학습에만 의존하는 학생들에게는 저절로 생겨나지 않습니다.

탐구력의 사전적 의미는 다음과 같습니다.

탐구력: 진리, 학문 따위를 깊이 파고들어 연구하는 힘

이 정의만 보아도 알 수 있듯, 탐구력은 암기력이나 문제 풀이 능력과는 다릅니다. 빠르게 변화하는 세상에서 상황에 맞춰 질문을 던지고, 필요하다면 스스로 배움을 확장해 나가는 힘이야말로 지금 아이들에게 필요한 능력입니다. 대학 입시에서 탐구력을 주요 평가 요소로 주목하는 이유도 바로 여기에 있습니다. 그러나 학습 능력은 탐구력만으로 채워지는 것이 아닙니다. 배우고 연구한 내용을 논리적인 글로 표현할 수 있어야 진정한 의미에서의 학습 능력이 완성됩니다.

논리적 글쓰기는 단순히 문장을 잘 쓰는 것이 아닙니다. 탐구 과정에서 얻은 지식을 정리하고 생각을 구조화하여, 주장과 근거를 명확하게 연결하는 힘입니다. 예를 들어,, 탐구 과제를 수행하면서 자료를 수집하고 분석한 뒤, 내용을 자기 말로 정리하여 글로 표현하고, 나아가 친구나 선생님 앞에서 발표하는 과정이 모두 논리적 글쓰기 훈련에 해당합니다. 탐구력과 논리적 글쓰기는 서로 떨어질 수 없는 관계이며, 함께 길러질 때 학습의 깊이와 사고가 확장됩니다.

탐구력과 논리적 글쓰기를 동시에 기르는 방법은 의외로 명확합니다. 먼저 기본기를 충실히 학습하고, 그 과정에서 생긴 의문을 스스로 질문하며 정리하는 습관을 들이는 것입니다.

'왜 그럴까?'

'이 조건이 꼭 필요할까?'

'다른 방법은 없을까?'

이런 질문들을 글로 옮겨보고, 자료를 정리하며 근거와 주장을 명확히

연결하는 연습이 필요합니다. 이러한 경험이 쌓여야만 탐구력과 논리적 글쓰기 모두 단단하게 자리 잡습니다.

"엄마, 이번 도덕 프로젝트 단톡방에 지훈이 엄마가 같이 있어요."

중학생 딸아이의 말입니다. 탐구 과제를 나누어 준비하는 과정에서, 친구 어머니가 과제를 대신해 주는 상황을 지켜본 것이지요.

바뀌는 입시를 이해한다면 앞으로는 관점을 바꿔서 학원 숙제를 도와주는 것과 달리, 학교 탐구 과제는 아이가 직접 경험하도록 해야 합니다. 왜냐하면 주제를 선정하고, 역할을 분담하고, 자료를 분석하여 자기의 글과 말로 바꾸어 정리하는 모든 과정이 탐구력과 글쓰기 훈련이기 때문입니다. 발표를 위해 탐구 내용을 친구들과 서로 이야기해 보는 과정 또한 아이에게 분명한 학습 효과를 가져옵니다.

최근 '학생부 컨설팅'이라는 이름으로 탐구 주제와 자료 찾기를 대행해 주는 서비스도 등장했습니다. 그러나 대학은 단순히 서류에 적힌 활동만으로 학생을 평가하지 않고 탐구 과정과 결과를 스스로 경험했는지, 이를 논리적으로 표현할 수 있는지 면접을 통해 확인할 가능성이 높습니다. 따라서 부모가 할 일은 결과물을 대신 챙겨주는 것이 아니라, 아이 스스로 탐구하고 글로 정리하며 발표하도록 기회를 주는 것입니다. **탐구력과 논리적 글쓰기는 단순한 학습 능력을 넘어, 변화하는 세상에서 스스로 문제를 해결하고 자기 생각을 명확히 전달할 수 있는 평생 역량**입니다. 그렇기 때문에 부모가 적절히 지원하고, 아이가 스스로 경험하도록 환경을 만들어 주는 것이 중요합니다.

# 대학은 합격했는데, 고등학교를 졸업 못할 수 있습니다

2022 개정 교육과정의 가장 큰 변화는 바로 고교학점제입니다. 고교학점제의 핵심은 학생 주도로 과목을 선택하고 학점을 이수한다는 것입니다. 그리고 이러한 학점 이수 체제는 졸업 요건에도 영향을 주었습니다. 이전 교육과정에서는 전체 수업일수의 3분의 2 이상만 채우면 졸업이 인정되었습니다. 예를 들어 연간 수업일수가 190일이라면 63일 이내의 결석은 졸업하는 데 큰 문제가 되지 않았습니다.

하지만 고교학점제는 3년 동안 192학점을 취득해야 하는데, 과목별로 출석률이 3분의 2 이상, 성취도 40% 이상을 충족해야 학점을 이수할 수 있습니다. 단순히 출석 일수만 채우면 졸업할 수 있었던 과거와 달리, 이제는 과목별 기준을 만족해야만 졸업할 수 있는 것입니다.

**고교학점제 학점 이수 기준**

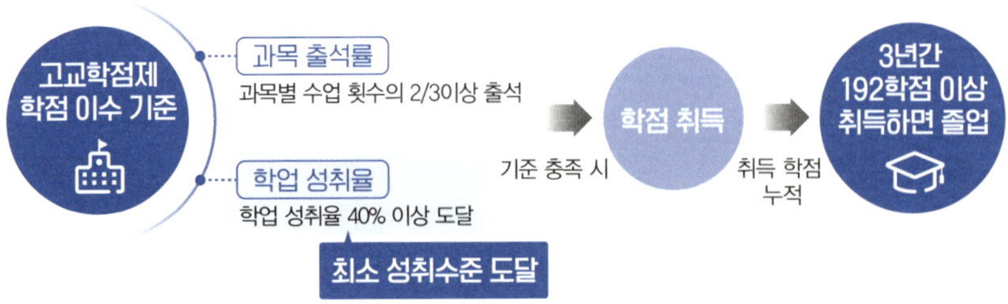


출처: 교육부

실제로 2025년, 대학에 합격하고 등록 절차까지 마쳤던 학생이 출석 일수 미달로 고등학교를 졸업하지 못하는 사례가 발생하여 사회적 이슈가 되었습니다. 이러한 일은 과목별 출석률과 성취율을 충족해야 하는 고교학점제에서 발생할 가능성이 더 크므로 졸업 요건 관리는 더욱 철저히 이루어져야 합니다.

그럼에도 일부 학부모는 결석을 대수롭지 않게 여깁니다. 초·중등 시절부터 학교를 빠져도 괜찮다는 인식이 자리 잡으면, 이런 태도는 결국 고등학교까지 이어지기 마련입니다. 고등학교에서는 출석 비중이 더 커지기 때문에 결석이 잦으면 부담이 훨씬 커집니다. 선택 과목이 많아질수록 친구들의 도움을 받기 어렵고, 결석으로 놓친 학습지나 수업 필기도 스스로 챙겨야 하기 때문입니다.

출결은 대학에서 중요하게 생각하는 평가 요소 중 하나입니다. 학교는 단순히 지식을 배우는 곳이 아니라 생활 전반에 대해 배우고 훈련하는 공간입니다. 실제로 대입에서 좋은 결과를 내는 학생들은 학교생활을 충실히 이어가는 힘이 강합니다. 아파도 등교하려 하고, 지각하지 않으려 노력하는 태도가 결국 학업 지속력으로 이어지는 것입니다.

이제 고등학교를 졸업했다는 것은 단순히 졸업장이라는 종이 한 장을 얻었다는 의미가 아닙니다. 고교학점제의 핵심은 일정 수준 이상의 성취를 이룬 학생만 졸업할 수 있도록 하는 데 있습니다. 과거에는 출결이나 성적이 부족해도 졸업할 수 있었지만, 앞으로는 최소한의 성취와 책임을 갖춘 학생에게만 졸업 자격이 주어지도록 변화하고 있습니다.

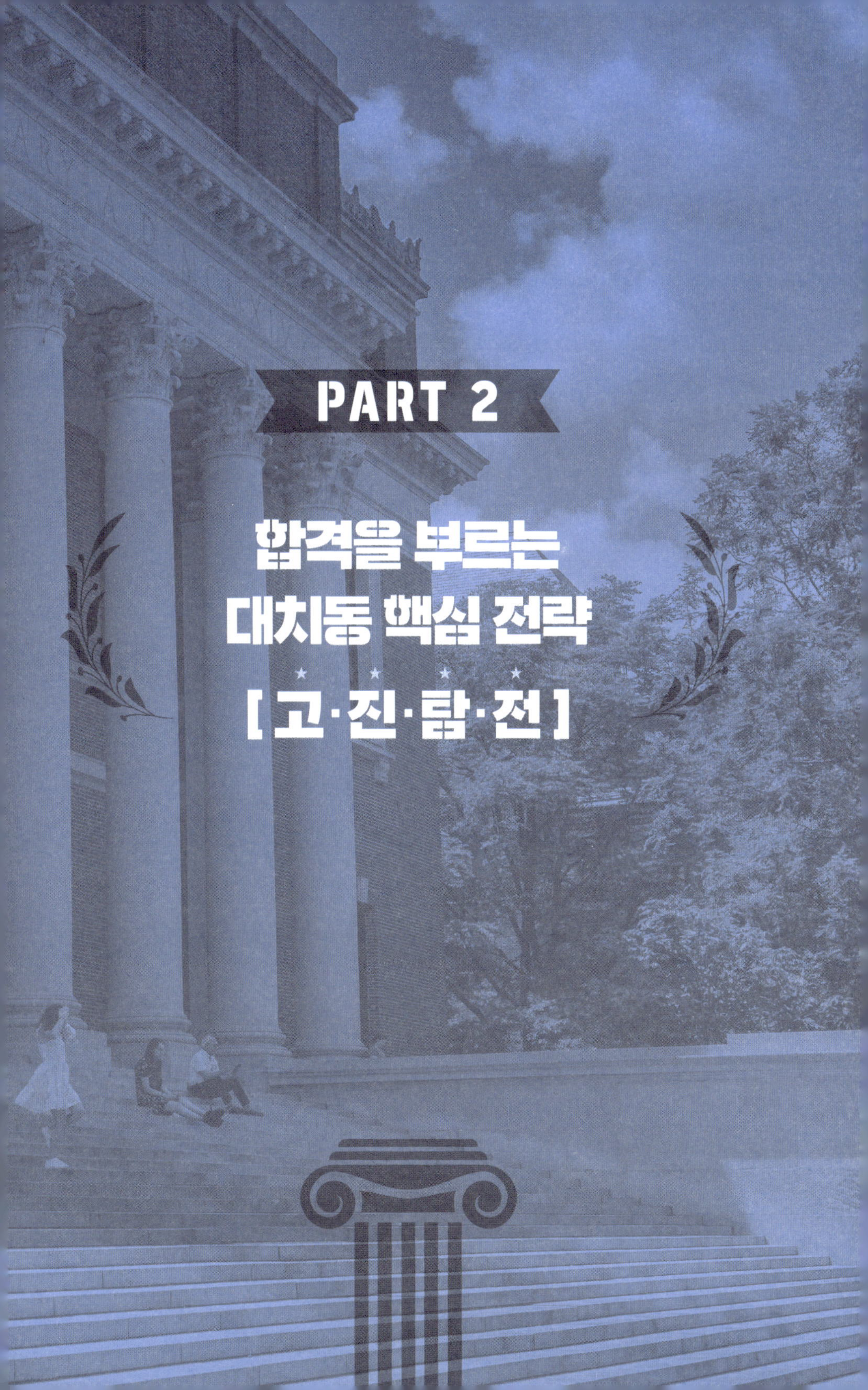

# PART 2

# 합격을 부르는 대치동 핵심 전략

## [고·진·탐·전]

LESSON 1 고·진·탐·전

# 고교 선택

## 대치동 부모의 선택이 변하고 있습니다

"어제는 공부 분위기 좋다는 A 학교가 나을까 싶다가도, 오늘은 내신 관리 쉬운 B 학교가 나을까 싶고…."

"옆집 현수는 A 학교 쓴다는데, 우리도 따라가야 하나? 그런데 B 학교 선생님들이 마인드가 더 좋아 보이던데…."

조카가 고등학교를 선택할 즈음에, 평소 연락이 뜸하던 오빠에게서 연락을 많이 받았습니다. 고등학교를 잘 선택하기 위해서 학교 입학설명회에도 가보고, 아이 친구 엄마에게도 묻고, 인터넷 카페도 들여다봤지만 답은 나오지 않더랍니다. 결국 신청서 제출 마감 전날까지 고민을 거듭하였고 그 모습을 옆에서 지켜보았습니다. 이처럼 아이의 3년을 결정하는 고등학교 선택은 부모에게 매우 무거운 과제입니다.

그런데 2025년 고교학점제가 처음 시작되는 해의 고등학생 1학년 입학생의 선택은 이전과 사뭇 달랐습니다. 이름만 들어도 알만한 유명 자사고가 미달이 되었습니다. 그 이유는 변화에 민감한 대치동 학부모들이 상대적으로 내신을 받기 수월한 학교로 눈을 돌렸기 때문입니다. 왜 대치동 부모들은 이런 선택을 한 것일까요?

첫 번째 이유는 5등급제 전환에 따른 불안감 때문입니다. 9등급제에서는 상위 11%까지 2등급이었지만, 5등급제에서는 34%까지가 2등급으로 하한선이 매우 낮아졌습니다. 즉, 2등급의 문턱이 상대적으로 낮아져 '내신 관리의 부담'이 커진 것입니다. 따라서 처음부터 내신을 잘 받을 수 있고 안정적으로 적응할 수 있는 학교에 대한 선호가 높아졌습니다.

두 번째 이유는 정시 중심 학교의 매력이 감소했기 때문입니다. 이번에 미달 사태를 겪은 학교들은 정시 위주로 실적을 낸 경우가 많았습니다. 학부모들은 이제 '학생부 관리가 잘 되는 수시 강세 학교'를 선택하고 있습니다. 학생부가 강화되는 흐름 속에서 학부모들의 계산이 달라진 것입니다.

즉, 2025학년도 고1 학부모들은 과도한 경쟁 대신 안정적으로 내신 관리가 가능하고, 학생부에 유리한 학교를 우선 고려하는 쪽으로 움직였습니다. 물론 이 흐름이 일시적일지, 장기적으로 이어질지는 좀 더 지켜볼 필요가 있습니다.

고등학교 유형은 매우 다양합니다. 서울을 기준으로 보면 입학 시기에 따라 전기 모집과 후기 모집으로 나뉘고, 각 시기 안에서도 영재학교, 과학고, 외고 · 국제고, 자율형사립고, 일반고 등으로 구분됩니다.

**학교 유형별 전·후기 구분 현황(서울 지역 기준)**

<table>
<tr><th colspan="4">구분</th><th>예시</th></tr>
<tr><td rowspan="8">전기</td><td rowspan="8">학교장 선발고</td><td colspan="2">영재학교</td><td>서울과학고</td></tr>
<tr><td rowspan="4">특수 목적고</td><td>과학계열</td><td>세종과학고, 한성과학고</td></tr>
<tr><td>예술계열</td><td>국립국악고, 국립전통예술고,<br>덕원예술고, 서울공연예술고,<br>서울예술고, 선화예술고</td></tr>
<tr><td>체육계열</td><td>서울체육고</td></tr>
<tr><td>산업수요맞춤형고<br>(마이스터고)</td><td>미림마이스터고,<br>서울도시과학기술고, 서울로봇고,<br>서울반도체고, 수도전기공업고</td></tr>
<tr><td colspan="2">특성화고(협약형 특성화고 포함)</td><td>경기기계공업고 등 67교</td></tr>
<tr><td colspan="2">일반고 중 예·체능계고</td><td>서울미술고</td></tr>
<tr><td colspan="2">일반고에 설치한 학과 중<br>교육감이 정하는 학과(관악예술과)</td><td>염광고</td></tr>
<tr><td rowspan="8">후기</td><td rowspan="2">교육감 선발고</td><td colspan="2">일반고</td><td>가락고 등</td></tr>
<tr><td colspan="2">과학중점학급</td><td>강일고 등</td></tr>
<tr><td rowspan="6">학교장 선발고</td><td rowspan="2">특수 목적고</td><td rowspan="2">외국어·국제계열</td><td>대원외고, 대일외고, 명덕외고,<br>서울외고, 이화여자외고, 한영외고</td></tr>
<tr><td>서울국제고</td></tr>
<tr><td rowspan="2">자율형 사립고</td><td>전국 단위</td><td>하나고, 용인외대부고 등</td></tr>
<tr><td>광역 단위</td><td>경희고 등 15교</td></tr>
<tr><td colspan="2">예술·체육중점학급</td><td>대원여고, 영신여고, 송곡여고,<br>송곡고</td></tr>
<tr><td colspan="2">일반고</td><td>한광고, 한국삼육고</td></tr>
</table>

출처: 2026 고등학교 입학전형 기본 계획, 서울시 교육청

### 1) 영재학교, 과학고

수학, 과학을 잘하는 학생의 경우, 영재학교와 과학고 진학을 고려할 수 있습니다. 입학을 위해서도 필요하지만, 입학 후 학교에 적응하기 위해서도 수학, 과학에 대한 선행은 기본입니다. 그래서 상당한 사교육비를 감당해야 하는 것이 일반적입니다. 영재학교와 과학고를 졸업하면 서울대, 포스텍, 카이스트(KAIST), 울산과학기술원(UNIST), 대구과학기술원(DGIST), 광주과학기술원(GIST) 등 이공계 특성화 대학에 진학하는 경우가 많습니다. 영재학교의 경우 성적뿐만 아니라 학생부를 통해 수학, 과학 관련 비교과를 확인하므로 다양한 활동을 준비해야 합니다. 영재학교는 필기(영재성 검사)+캠프가 핵심이라 창의적 문제 해결력을 더 보지만, 과학고는 내신+탐구 활동+면접이 핵심이라 성실한 학업 태도와 잠재력을 중시합니다.

이때 영재학교나 과학고 입시를 준비하더라도 다른 과목을 소홀히 해서는 안 됩니다. 수학과 과학에만 집중하다가 불합격한 후, 전 과목에서 고른 성적이 필요한 일반고에 적응하지 못하는 경우를 많이 보았기 때문입니다. 특히 국어와 영어 기초가 부족하면 내신과 수능 모두 어려움을 겪게 됩니다. 의대 진학을 희망하는 학생의 경우 일반고나 자사고를 진학하는 것이 좋습니다. 영재학교, 과학고의 설립 취지가 이공계 인재 양성에 있기 때문입니다.

### 2) 외고, 국제고

어문 계열과 사회과학 계열에 진학을 희망하는 학생의 경우, 외고, 국제고 입학을 고려하는 것은 좋은 선택입니다. 선발 방법은 자기주도학습 전형으로 1단계에서는 중2 · 3학년(2027년부터 중학교 1학년도 포함)의 영어 성적과 출결만을 가지고 선발합니다. 단, 동점자가 발생하는 경우

국어, 사회 교과를 반영합니다. 2단계는 1단계 점수와 서류를 기반한 면접으로 선발합니다. 서류는 학교생활기록부Ⅱ와 자기소개서입니다. 외고는 외국어 능력과 문화 이해에 특화된 학교라면 국제고는 국제 사회와 글로벌 리더십에 특화된 학교입니다. 보통 여학생이 많은 편이며, 내신 경쟁이 매우 치열합니다. 외고와 국제고인 만큼 영어는 모든 학생이 잘하므로 상위권이 되기 위해서는 수학 성적이 매우 중요합니다.

### 3) 자율형사립고

자율형사립고에는 전국 단위 자사고(이하 전사고)와 광역 단위 자사고(이하 광사고)가 있습니다. 이름에서 알 수 있듯이 전사고는 전국에서 학생을 모집할 수 있고, 광사고는 해당 시, 도내에서만 학생을 모집할 수 있습니다. 전사고는 다음과 같이 10개의 학교가 있습니다.

광양제철고, 김천고, 민족사관고(민사고), 북일고, 상산고, 용인한국외대부고, 인천하늘고, 포항제철고, 하나고(단, 일반전형은 서울 거주자만 지원 가능), 현대청운고

광사고는 서울 등 대도시에 주로 분포해 있으며, 서울에는 15개교가 운영 중입니다. 서울의 광사고는 경희고, 대광고, 배재고, 보인고, 선덕고, 세화고, 세화여고, 신일고, 양정고, 이대부속고, 중동고, 중앙고, 한대부고, 현대고, 휘문고가 있습니다. 자사고는 인문 계열, 자연 계열 모두 대학 진학 실적이 뛰어난 편이어서 내신 경쟁이 심합니다.

학교마다 장단점이 뚜렷하므로 단순히 좋은 학교가 아니라 우리 아이에게 맞는 학교가 어디인지를 먼저 살펴야 합니다.

LESSON 1 고·진·탐·전

# 고교 선택

## 고등학교 선택할 때, 반드시 고려하여야 할 4가지 질문

대학에 진학하는 방법은 다양합니다. 우리나라는 국토 면적이 크지 않지만, 교육 환경의 차이는 큽니다. 수도권과 비수도권의 격차가 존재하고, 심지어 서울 안에서도 지역마다 분위기와 기회가 다릅니다. 이런 다양한 배경의 학생들을 오직 수능이라는 하나의 기준으로 평가하는 것은 공정하다고 보기 어렵습니다. 마치 숲속에서 동물 대표를 뽑을 때 나무를 잘 타는 능력, 수영 실력, 달리기 속도 중 무엇을 기준으로 삼을지 정하기 어려운 것과 같은 이치입니다.

'선생님! 저 K대 수의학과에 합격했어요.'

같은 날 두 학생으로부터 문자를 받았습니다. 다른 학교에서 담임했던 두 학생이 같은 대학, 같은 학과에 합격해서 신기했습니다. 유민이는 2학년 때 담임이었던 강남 8학군 학교의 학생으로 정시 전형으로 합격하였고, 서효는 3학년 때 담임을 맡았던 일반고 학생인데 수시 종합전형으로 합격했습니다. 두 아이 모두 훌륭한 학생이지만, 둘의 공부 방식과 성향은 매우 달랐습니다.

예를 들어 서효가 강남 8학군에서 정시 중심으로 대학을 준비했다면 만족스러운 결과를 얻지 못했을 것입니다. 반대로 유민이가 일반고에서 내신과 학생부 종합전형으로만 준비했다면 그 역시 쉽지 않았을 것입니다. 결국 중요한 것은 아이에게 맞는 전형을 찾는 것입니다. 어떤 방식이 아이에게 더 적합한지를 미리 고민하고, 그것에 맞게 고등학교 선택과 학습 방향을 정한다면 더 나은 결과를 기대할 수 있습니다.

그렇기 때문에 무엇보다 가장 중요하게 고려해야 할 부분은 학생과 학교와의 궁합입니다. 아이에 따라 맞는 학교가 있기 때문입니다. 고등학교를 지원할 때 다음 4가지 사항을 고려해 보시면 좋을 것 같습니다.

### 첫째, 우리 아이의 위치는 어디인가?

특목고 학생들이 서울대, 연 · 고대에 진학하는 비율이 높은 것은 맞습니다. 하지만 특목고는 입학 시 학생을 선발하는 학교이므로 우수한 학생이 대다수입니다. 아이가 과연 특목고에서 잘 해낼지 반드시 고민해 보셔야 합니다. 특목고는 내신이 5등급 체제에서 3등급 이하라면 원하는 대학에 지원하기 어렵습니다. 상위권 학생이라면 적어도 2등급 안에 들어갈 수 있는 고등학교를 지원하는 것이 좋습니다.

### 둘째, 수시형인가, 정시형인가?

고등학교는 재학생이 수시 전형으로 대학을 잘 가는 수시형 학교가 있고, 정시 전형으로 대학을 잘 가는 정시형 학교가 있습니다. 실제로 서울대 합격생 수가 비슷해도, A고는 정시 36명, 수시 2명, B고는 정시 12명, 수시 25명으로 크게 차이가 납니다.

아이도 수시형과 정시형이 있습니다. 아이가 탐구하고 발표하는 것을 즐기고 고루 성적이 우수한 편이라면 수시형 학생에게 적합한 학교를 선택하는 것이 좋고, 반복해서 문제를 풀고 큰 시험을 보는 것에 긴장을 덜 하는 학생이라면 정시형 학교에 지원하는 것이 좋습니다.

보통 수시로 학생들을 잘 보내는 학교의 경우 학교에 다양한 프로그램이 준비되어 있습니다. 발표, 토론 프로그램, 동아리가 다양하게 구성되어 있고 수업도 학생 참여로 진행됩니다. 정시로 학생을 잘 보내는 학교는 중간, 기말고사 등 정기 고사가 수능형으로 문제가 어렵게 나오는 편이며 평소 수능형 문제를 수업 시간에 접할 수 있어서 수능 대비에 도움이 됩니다.

대학의 전형이 다양화될 가능성이 크므로 고등학교 입학부터 수시, 정시 하나만을 생각하고 입학하는 것은 추천하지 않습니다. 다만 조금 더 아이의 성향에 맞는 학교를 진학한다면 유리한 입장에서 학교생활을 해 나갈 수 있습니다.

### 셋째, 단체 생활은 가능한가?

기숙사 생활을 해야 하는 고등학교를 고려한다면, 아이가 단체 생활을 할 수 있는지, 생활 습관은 잘 잡혀있는지 고려해야 합니다. 부모의 관리를 받다가 기숙사에서 스스로 생활하면서 생활 리듬이 무너지는 경우도 흔합니다.

실제로 자사고, 특목고 입학 면접 시, 단체 생활을 할 수 있는지, 교우 관계를 잘 유지하면서 멘탈 관리를 할 수 있는지를 간접적으로 확인하는 질문을 합니다. 기숙사 생활을 하면서 단체 생활의 어려움을 호소하는 학생들이 많은데 안정감이 없으면 아이는 공부할 수 없습니다. 아이가 부모와 떨어져 단체 생활을 할 수 있는지 꼭 점검해 보아야 합니다.

### 넷째, 근성파인가, 분위기파인가?

충분한 역량을 가진 아이도 치열한 입시 경쟁으로 멘탈이 무너져 고등학교 생활을 힘들어하는 경우를 많이 보았습니다. 치열한 경쟁 속에서도 굴하지 않고, 견뎌낼 힘을 가졌는지 내 아이의 성향을 잘 살펴보아야 합니다.

조금은 어수선한 학업 분위기일지라도 분위기에 휩쓸리지 않고 공부할 수 있는 뚝심 있는 학생이거나 극심한 경쟁 체제에서 스트레스를 많이 받는 학생이라면 일반고를 선택하는 것이 좋습니다. 성실히 생활하여 좋은 내신을 유지한다면, 교과전형과 학생부 종합전형을 노려볼 수 있기 때문입니다. 또한 일반고에서 다양한 친구들을 만나보는 것도 좋은 경험이라고 생각합니다. 학창 시절에 다양한 생각을 하는 친구들을 만날 수 있다면 다른 사람에 대한 이해의 폭이 넓어지기 때문에 훗날 사회생활을 해나갈 때 큰 자산이 될 수 있습니다.

반면 학급 분위기에 영향을 많이 받는 중하위권 학생의 경우, 오히려 학업 성적이 좋은 학생이 많은 학교를 추천하기도 합니다. 열심히 하는 친구들 사이에 있으면 자극을 받고 함께 공부해 보려고 노력할 수 있습니다.

### 현실적으로 고려해야 할 학비

아이의 성향을 떠나 현실적으로 고려해야 할 것이 있습니다. 바로 학비입니다. 특목 · 자사고의 학비는 수업료뿐만 아니라 급식비, 기숙사비, 방과 후 학교 활동비, 현장 체험 학습비 등 다양한 수익자 부담 경비가 포함됩니다. 특히 기숙사 체제를 갖춘 전국 단위 자사고와 외고의 경우, 기숙사 운영과 학교생활 전반에 드는 비용이 학비에 크게 반영됩니다. 연간 등록금이 평균 1,300만 원이며, 3,000만 원이 넘는 곳도 있으니 지원 전에 반드시 해당 학교 홈페이지를 통해 상세 내용을 확인하고 지원하면 좋겠습니다.

LESSON 1 고·진·탐·전

# 고교 선택

## 대치동에서 성공하는 아이, 실패하는 아이

"전 여기가 너무 싫다고요."

교무실에서 상담 중 철우가 큰 소리로 외쳤을 때 정말 놀랐습니다. 철우는 고등학교 진학을 하며 대치동으로 온 아이였습니다. 이전 학교와는 완연히 다른 분위기 속에서, 아이는 대치동의 치열한 분위기를 도무지 받아들이지 못하고 종종 학교에 나오지 않는 날도 있었습니다. 철우의 유일한 즐거움은 중학교 시절 친구들과 게임하는 일이었지만, 각자 다른 학교에 다니면서 점점 멀어지는 듯해 속상해 보였습니다. 아이는 정서적으로 매우 불안했고, 대치동 고등학교에 보낸 부모님을 원망하기도 했습니다. 학부모 상담 때 어머니는 철우가 방문을 잠그고 방에서 나오지 않으며, 대화도 끊긴 지 꽤 오래되었다고 말씀하셨습니다.

"아이가 적응할 수 있게 조금 더 일찍 여기로 왔어야 했나 봐요."

지윤이 역시 고등학교 때 대치동에 온 아이입니다. 중상위권 학생이었던 지윤이는 공부 욕심이 있고, 학교 행사에 적극적으로 참여하는 성실한 학생이었습니다. 하지만 최상위권 학생들을 따라잡기가 쉽지 않았기에, "조금만 더 일찍 대치동에 왔더라면 더 잘할 수 있었을까요?" 하고 아쉬움을 토로하기도 했습니다.

물론 대치동 같은 경쟁이 치열한 학군지에 일찍 와서 더 좋은 성과를 내는 학생도 있지만, 어린 시절부터 끊임없이 경쟁하며 공부에 시달려 온 탓에, 정작 성과를 내야 할 고등학생 시기에는 지쳐 무기력해진 학생들도 적지 않습니다. 오랜 시간을 공부에 쏟아붓는다고 해서 모두가 성장하는 것은 아닙니다. 오히려 일찍부터 공부에 시달려 지쳐버린 학생들보다, '중학교 때는 제대로 하지 못했으니 지금부터라도 해보자'는 마음으로 고등학교에서 새롭게 목표를 잡고 시작하는 학생들이 더 좋은 결과를 내는 경우가 많습니다. 뒤늦게 세운 목표라도, 밀도 있게 공부에 집중한다면 충분히 따라잡을 수 있습니다.

교육이 어려운 이유 중 하나는, 똑같은 환경이라 하더라도 아이마다 전혀 다른 결과가 나온다는 점입니다. 학군지의 가장 큰 장점은 또래로부터 긍정적인 자극을 받을 수 있다는 것입니다. 실제로 대치동에는 수학여행에서도 공부 습관을 놓지 않으려고, 친구들이 자는 새벽에 일어나 공부하는 아이도 있습니다. 이런 모습을 옆에서 직접 보는 것은 부모님의 잔소리 열 마디보다 더 큰 동기부여가 되곤 합니다. 하지만 반대로 그런 친구들의 열정이 오히려 부담되어 '나는 절대 저렇게 못 해'라며 시도조차 해 보지 않고 쉽게 포기해 버리는 아이도 있습니다. 이처럼 같은 환경에서도 아이의 성향에 따라 결과가 다르므로, 학군지를 고민할 때 내 아이의 성향을 찬찬히 들여다보는 것이 무엇보다 중요합니다.

대치동에서 목표를 이뤄내는 학생들에게는 다음과 같은 공통점이 있습니다.

첫째, 도전적인 성향입니다. 자기보다 잘하는 친구가 있으면 '난 이미 늦었어'가 아니라, '나도 저렇게 해봐야지'라는 열정으로 한 걸음씩 성장하며 나아가는 아이들이 있습니다. 물론 마음먹는다고 바로 결과가 나오는 것은 아닙니다. 실력은 소수점 단위로 오르지만, 성적은 정수 단위로 오르기에 꽤 오랜 인내가 필요합니다. 결과가 보이지 않아도 자신을 믿고 기다릴 수 있는 아이는 대개 작은 성공을 경험해 보았거나, 주변 어른들의 응원과 지지를 받아온 경우가 많습니다.

둘째, 새로운 환경에 적응하는 능력입니다. 철우는 3년 내내 대치동에서 학교에 다녔지만, 대치동 아이들을 '여기 아이들'이라고 부르며 자신을 스스로 다르게 여겼습니다. 친구가 없거나 따돌림을 당한 것도 아니었지만, 본인을 이곳의 학생으로 받아들이지 못했던 것이지요. 여러 학교를 경험해 보며 느끼는 것은, 아이들의 생활환경은 우리가 생각하는 것 이상으로 좁고 단단합니다. 대부분 그 지역에서 태어나 같은 동네와 학교에서 생활합니다. 8시간이 넘는 시간을 교실이라는 작은 공간에서 보내기에, 작은 변화도 아이에겐 큰 충격이 될 수 있습니다. 어른이 이직하는 것이 연못을 옮기는 정도라면, 아이에게 학교를 옮긴다는 것은 강줄기 전체가 바뀌는 만큼의 완전히 다른 환경입니다. 새로운 환경을 빠르게 받아들이고 적응하는 아이도 있지만, '나는 저 아이들과 달라', '여기 아이들은 왜 저럴까'하는 배타적인 감정을 갖기도 합니다. 특히 철우는 대치동 학생들의 성적 지상주의 문화에 부정적인 시선을 갖고 이질감을 크게 느꼈습니다.

아이 교육에 관심이 많은 부모님이라면 한 번쯤 '학군지로 이사가 볼까?' 고민해 보신 적이 있을 겁니다. 하지만 고민하실 때 내 아이의 대입 유불리처럼 단순한 기준만 볼 게 아니라, 도전적 상황에서 더 힘을 내는지, 아니면 익숙한 환경에서 안정감을 느끼며 힘을 내는지 아이의 근본적 성향부터 천천히 살펴봐야 합니다. 새로운 환경에 열린 마음으로 적응하는 편인지, 아니면 익숙함과 안정, 친밀감에 더 의존하는지 역시 함께 살펴야 합니다. 이것은 잘잘못이 아닌, 성향의 차이일 뿐입니다.

만약 학군지에서 아이를 키워야겠다고 마음을 먹었다면, 아이와 부모 모두 치열한 경쟁을 함께 이겨낼 수 있는지도 충분히 생각해야 합니다. 학원만큼 정신건강의학과가 많은 곳도 학군지임을 잊지 않으셨으면 좋겠습니다. 경쟁의 순기능만 볼 것이 아니라, 그 환경이 주는 부담과 피로도 함께 살펴봐야 합니다.

마지막으로, 학군지든 비학군지든 각자의 장단점이 분명히 있기에, 아이와 솔직하고 충분하게 이야기를 나누고, 함께 결정을 내리는 것이 가장 중요합니다. 정서적으로 힘들어졌을 때, 부모님을 원망하는 아이들을 여러 번 보았습니다. 결국 어떤 선택이든, 그에 대한 책임을 지고, 서로 믿고 나아갈 수 있어야 진짜 성공과 성장에 도달할 수 있다는 점을 기억해 주셨으면 합니다.

LESSON 1 고·진·탐·전

# 고교 선택

## 고등학교 선택할 때 은근히 중요한 이것

고교학점제로 인한 가장 큰 변화는 선택 과목이 크게 늘었다는 점입니다. 이제 학생들은 자신의 진로와 학업 역량에 따라 과목을 선택하고, 그 결과로 같은 학년이라고 해도 듣는 과목이 달라집니다. 예를 들어 한 학년에 300명의 학생이 있다면, 선택 과목별로 인원이 나뉘면서 수업당 학생 수는 줄어들 수밖에 없습니다.

특히 자연 계열을 준비하는 학생이라면 '기하'나 '미적분Ⅱ'같이 대학에서 이수를 요구하는 과목들을 고민하게 됩니다. '기하' 과목의 경우, 이전 교육과정에서는 절대평가로 평가했지만, 이제는 5등급 상대평가로 바뀌었습니다. 예전보다 좋은 등급을 받기가 어려워진 것이죠. 예를 들어 전체 학생 수 300명 중 150명이 기하를 선택했다면, 1등급은 10%인 15명에게만 주어집니다. 반면 모든 학생이 수강하는 '공통 수학'에서는 1등급이

30명까지 가능하니, 같은 실력의 학생이라도 기하에서는 더 낮은 등급을 받을 수 있죠. 결국 상위권 학생일수록 학생 수가 많은 학교가 유리합니다. 1등급을 받을 수 있는 절대 인원이 많아지기 때문입니다. 실제로 자신의 진로와 희망 전공에 맞는 과목을 선택할 때, 그 과목을 함께 공부하는 학생 수가 얼마나 되는지 확인해야 합니다.

이는 인문 계열 학생도 마찬가지입니다. 앞으로 선택할 수 있는 과목이 다양해지면서 학생들이 분산될 것이고, 이에 따라 일부 과목은 학생 수 부족으로 폐강될 가능성도 있습니다. 학생 수가 많은 학교에서는 다양한 과목 개설이 가능하고, 희망하는 과목을 선택할 기회도 많아집니다. 그뿐만 아니라, 학생 수가 많으면 교사 수도 많아지기 때문에 더 다양한 수업이 운영될 수 있습니다.

"우리 아이가 고려하는 학교는 학생 수가 적은데, 괜찮을까요?"

이런 고민을 하시는 부모님이 많을 것 같습니다. 하지만 학생 수가 적은 학교라고 해서 꼭 불리한 것만은 아닙니다.

실제로 고등학교별로 한 학년 학생 수는 많게는 300명, 적게는 100명 이하로 다양합니다. 만약 학생 수 외에 여러 조건이 비슷하다면, 1등급을 받거나 개설 과목 다양화 등 대학 입시 유불리 측면에서는 학생 수가 많은 쪽이 더 유리할 수 있습니다. 그러나 학생 수가 적은 학교에도 장점은 있습니다. 교사 한 명이 관심을 쏟을 수 있는 학생 수가 적어, 개개인에게 더 많은 관심을 기울이게 됩니다. 아이의 성향과 진로, 학교생활에 대해 교사와 더 긴밀히 소통할 수 있습니다. 그리고 학교만의 특화된 프로그램이나 소규모 체험, 맞춤형 활동을 운영하기가 훨씬 유리합니다.

학생 수가 적어서 입시 측면에서 유리한 점도 있습니다. 2028년부터 서울대 수시 지역균형전형에서 학교당 3명의 추천 인원이 배정됩니다.

서울대 지역균형전형 합격생의 대다수가 일반고 재학생이라는 점을 고려하면 상당히 매력적입니다. 300명 중 3명을 추천받는 것과, 100명 중 3명을 추천받는 것에는 당연히 선발 가능성에 차이가 있습니다.

대학에서도 학생 수가 적은 학교가 고교학점제 체제에서의 교육과정 운영에 있어 어려움을 겪는다는 점을 충분히 인지하고 있습니다. 학생부종합전형에서 정성 평가를 할 때, 교육 환경과 여건을 함께 고려하여 평가에 반영하고 있습니다. 그럼에도 학생 수에 따른 유불리를 미리 알고 고등학교를 선택하는 것과 모르고 선택하는 것은 큰 차이가 있을 것으로 생각합니다. 꼭 고려하는 학교의 학생 수를 보시고, 내 아이에게 어느 학교가 이로울지 고민 후 선택하기 바랍니다.

LESSON 1 고·진·탐·전

# 고교 선택

## 고등학교, 이거 모르고 선택한다고요?

시윤이는 고등학교를 선택할 때, 같은 중학교를 졸업한 친구들이 많이 가고, 집에서 가까운 고등학교를 선택했습니다. 2학년 과목을 선택할 즈음, 시윤이 엄마로부터 전화가 왔습니다.

"이 학교는 수학을 2학년 때 7시간이나 듣는대. 안 그래도 수학이 약한 아이라 지금 4시간 듣는 것도 힘들어하는데."

"응, 언니. 요즘은 학교마다 교육과정이 다 달라. 그 학교는 2학년에 수학이 7시간 편성되어 있나 보다. 우리 학교는 기하를 선택한 친구들만 6시간 들어."

"그런 거야? 학교마다 다른 거야?"

"학교마다 개설되는 과목도 있고, 개설되지 않는 과목도 있어."

아무것도 모르고 진학하면 누구나 겪을 수 있는 일입니다.

고등학교 입학설명회, 학부모 총회에 가게 되면 받게 되는 자료집에 꼭 실려 있는 자료가 있습니다. 바로 '교육과정 편제표'입니다. 교육과정 편제표란 학년별, 학기별 어떤 과목을 몇 시간씩 이수하게 되어 있고, 어떤 과목을 선택할 수 있는지 알려 주는 문서입니다. 고교학점제가 시행되기 이전에는 모두가 거의 비슷한 수업을 이수하였고 문·이과로 나뉘거나 제2외국어 선택이 다르거나 과탐, 사탐의 과목 선택이 다른 정도라 교육과정 편제표가 크게 중요하지 않았습니다. 그런데 지금은 모든 학생이 2학년부터 각자 자기만의 시간표를 가지고 있습니다. 심지어 학생 수, 교사 수, 그 학교 학생들의 학업 스타일에 따라 학교마다 교육과정 편성이 다 다르게 되어 있으니 다른 건 몰라도 교육과정 편제표는 읽을 줄 알아야 합니다. 그 이유는 한 번 해석하는 방법을 이해하고 나면 고2, 고3 과목을 선택할 때도 유용하게 사용할 수 있고, 부모와 아이가 미리 진로에 맞는 로드맵을 짤 수 있기 때문입니다. 어느 시기에 무엇을 배우는지, 주요 과목의 공부가 편중되어 있지 않은지, 우리 아이가 부족한 과목은 언제 이수하는지를 확인할 수 있습니다. 이렇게 아이의 고등학교 생활을 그려본 부모와 그렇지 않은 부모는 마음의 편안함에서도, 아이를 지원하는 면에서도 차이가 있을 수밖에 없습니다. 시윤이도 입학 전 2학년 과정에 수학 과목이 편중되어 있다는 사실을 알았다면 다른 학교 진학을 고려하거나, 부담스러운 과목을 미리 학습하여 대비할 수 있었을 것입니다.

교육과정 편제표는 고등학교 입학설명회를 가도 받을 수 있지만, 집에서도 〈학교알리미〉를 이용하면 손쉽게 확인할 수 있습니다. 학교알리미는 초·중·고등학교의 주요 정보를 객관적이고 투명하게 공개하는 온라인 플랫폼입니다. 웹사이트 〈학교알리미(www.schoolinfo.go.kr)〉나 애플리케이션 〈학교알리미〉를 통해 어디서나 접근할 수 있습니다.

우선 학교알리미에 들어가서 가장 관심 있는 학교를 검색하세요. 그리고 아래 방법으로 교육과정 편제표를 내려받습니다.

- [학교별 공시정보] ▸ [학교 검색] ▸ [교육활동] ▸ [학교 교육 과정 편성 · 운영 및 평가에 관한 사항]

가장 관심이 있는 학교와 그 학교의 추천 연관 학교 중 한 곳을 선택해서 두 학교의 교육과정 편제표를 비교해 보세요.

- 예 반포고등학교 추천 연관 학교

**추천 연관 학교**

| 세화여자고등학교 | 서울고등학교 | 서초고등학교 |
| --- | --- | --- |
| 사립 \| 1977년 12월 30일 설립 | 공립 \| 1946년 02월 01일 설립 | 공립 \| 1984년 01월 12일 설립 |
| 서울특별시 서초구 신반포로 56-7 | 서울특별시 서초구 효령로 197 | 서울특별시 서초구 반포대로27길 29 |
| 02-537-2131 | 02-582-8151 | 02-584-4234 |
| https://sehwags.sen.hs.kr/ | http://seoul.sen.hs.kr | http://seocho.sen.hs.kr |

1학년은 선택이 아닌 학교 지정 교육과정으로 대부분의 학교가 비슷하게 운영됩니다. 그러므로 1학년 교육과정은 '아이가 1학년 때 이런 과목을 공부하는구나!' 정도로만 보시고, **2, 3학년 선택 과목을 유심히 살펴봐야 합니다.** 여러 과목을 한꺼번에 보면 잘 보이지 않으므로 한 과목씩 살펴보는 것이 좋습니다. **우선 수학 과목부터 살펴보시길 권합니다.** 수학은 자연 계열을 희망하는 학생에게 대학 전공 공부의 기초가 되는 핵심 과목입니다. 반면 인문 계열 학생들은 수학을 어려워하는 경우가 많으므로, 어느 시기에 배우는지, 선택한 진로 연계 과목과 함께 수강해도 무리는 없는지를 미리 고려하는 것이 좋습니다. 또한 **상경 계열로 진학하려는 학생이라면, '경제 수학' 과목이 개설되어 있는지를 확인하면 좋습니다.** 이는 진로와 관련된 중요한 과목이기 때문입니다.

다음 A, B 고등학교는 서로 가까운 위치에 있으며, 학부모들이 두 학교 중 어느 곳에 자녀를 보낼지 많이 고민하는 선호 학교입니다. 두 학교 교육과정 편제표를 비교하는 방법을 참고하여, 자녀를 보내고자 하는 학교에 적용해 보시기 바랍니다.

### 1) 수능 출제 과목을 언제 이수하는지 확인하기

우선 수능 출제 과목 이수 시기를 확인해야 합니다. 수학은 대수, 미적분Ⅰ, 확률과 통계가 수능 출제 과목입니다. 수능 출제 과목을 가장 깊게 공부하기 때문에, 경쟁이 치열한 과목입니다. 우선 이 과목들을 언제 배우는지 확인해야 합니다. 수능 출제 과목은 모든 학생이 들을 수 있도록 학교에서 지정하고 있습니다. 두 학교를 비교해 보면 대수와 미적분Ⅰ을 2학년 1학기, 2학년 2학기에 각각 배우는 것은 같지만, 확률과 통계를 수강하는 시기가 다릅니다. A고는 3학년 1학기에 배우고, B고는 2학년 1학기에 배웁니다. B고의 경우 2학년이 끝나면 수학 과목 중 수능 과목을 모두 배울 수 있습니다.

**수학 학교 지정 과목 비교(밑줄: 수능 출제 과목)**

| A고 | | | | B고 | |
|---|---|---|---|---|---|
| 2학년 1학기 | 2학년 2학기 | 3학년 1학기 | 3학년 2학기 | 2학년 1학기 | 2학년 2학기 |
| 대수 | 미적분Ⅰ | 확률과 통계 | 수학과제 탐구 | 대수<br>확률과 통계 | 미적분Ⅰ |

어느 학교의 교육과정이 좋은 걸까요? B고는 2학년 1학기에 수능 과목인 대수와 확률과 통계 두 과목의 시험을 보아야 합니다. 엄청난 내신 압박이 있을 것으로 예상됩니다. 하지만 처음부터 정시를 마음에 두고 진

학한다면 B고가 매력적일 수 있습니다. 이미 2학년 때, 수능 과목의 기초를 다졌으므로 3학년부터는 수능형 문제를 풀면서 수능을 준비하기가 수월하기 때문입니다. 또 수학 심화 과목을 배우거나 다른 과목에 집중할 수 있습니다.

### 2) 선택할 수 있는 과목의 종류와 수 확인하기

다음 표를 보면 A고와 B고의 수학 과목 편성의 또 다른 큰 차이점을 볼 수 있습니다. 수학 과목 안에서 개설된 과목의 종류와 선택할 수 있는 과목의 수가 다르다는 것입니다. B고는 선택할 수 있는 수학 과목이 더 다양합니다. 3학년 1학기에 이산 수학, 경제 수학, 기하, 미적분Ⅱ, 고급 대수, 전문 수학 6개의 과목 중에서 적게는 1개, 많게는 4개까지도 선택할 수 있습니다. 수학 마니아들에게는 상당히 매력적인 학교입니다.

A고는 3학년 때, 학교 지정 과목인 확률과 통계와 수학과제 탐구만 이수하면 다른 수학 과목은 선택하지 않아도 됩니다. 수학을 좋아하지 않는 학생이라면 매 학기 학교 지정 과목 하나만 이수해도 되는 A고가 더 매력적일 수 있습니다.

**3학년 수학 선택 과목 비교**

| 구분 | A 고 | | B 고 | |
|---|---|---|---|---|
| | 3학년 1학기 | 3학년 2학기 | 3학년 1학기 | 3학년 2학기 |
| 선택 과목 | 미적분Ⅱ<br>경제 수학 | 고급 미적분<br>실용 통계 | 이산 수학<br>경제 수학<br>기하<br>미적분Ⅱ<br>고급 대수<br>전문 수학 | 실용 통계<br>직무 수학<br>고급 미적분 |
| 선택 가능 과목 수 | 0 ~ 1개 | 0 ~ 1개 | 1 ~ 4개 | 1 ~ 3개 |

### 3) 이수하려는 과목의 학점 확인하기

A고는 기하가 3학점, 확률과 통계가 4학점이고, B고는 기하가 4학점, 확률과 통계가 3학점입니다. 학점은 1주일에 듣는 수업 시수를 이야기하는 것으로 3학점 수업은 1주일에 50분씩 세 번의 수업을 듣는 것입니다.

**▌기하, 확률과 통계 비교(괄호: 학점)**

| 구분 | A고 | | B고 | |
|---|---|---|---|---|
| | 2학년 1학기 | 3학년 1학기 | 2학년 1학기 | 3학년 1학기 |
| 학교 지정 과목 | | 확률과 통계(4) | 확률과 통계(3) | |
| 선택 과목 | 기하(3) | | | 기하(4) |

기하를 잘하는 학생과 확률과 통계를 잘하는 학생은 다를 수 있습니다. 왜냐하면 기하는 이차곡선, 벡터, 공간도형 등 기하적 감각을 요구하고, 확률과 통계는 주어진 문제 상황을 이해하고 상황에 맞추어서 빠짐없이 경우를 나누는 능력이 가장 중요합니다. 확률과 통계는 수학 과목 중 가장 문해력이 필요한 과목입니다. 두 과목은 성격이 매우 달라서 한 과목을 잘한다고 해서 다른 과목에 크게 도움이 되지 않기 때문에 둘 중 하나만 잘하는 학생이 많습니다. 물론 예외적으로 둘 다 잘하는 특별한 친구들은 늘 있지만요. 그러니 두 과목 중 아이가 어느 과목에 강점이 있는지도 생각해 봐야 합니다.

대학에서 내신 성적을 산출할 때, 받은 등급에 학점을 곱하기 때문에 1등급을 받았다고 다 같은 점수가 아닙니다. 예를 들어 3학점짜리 과목을 1등급 받으면 3점, 4학점짜리 과목을 1등급 받으면 4점이 됩니다. 그래서 같은 과목인데 학점이 다르다면 아이가 잘하는 과목이 학점이 높은 것이 좋습니다.

3학점짜리 과목 등급의 점수: 3점 = 1등급 × 3학점
4학점짜리 과목 등급의 점수: 4점 = 1등급 × 4학점

다른 과목도 살펴보고 종합적으로 판단해야겠지만, 수학 과목만 놓고 생각해 보면 수학에 자신 있는 학생은 B고를 선택하는 것이 좋고, 수학에 자신이 없는 학생은 A고를 선택하는 것이 좋습니다. 좋고 나쁜 교육과정은 없습니다. 내 아이에게 맞거나 맞지 않는 교육과정이 있을 뿐입니다. B고를 선택했다면, 2학년 1학기 때 수학 과목에서 내신 준비하기가 힘들 것이라는 점을 감안해 미리 대비해야 합니다. A고를 선택한 학생은 수능 과목인 확률과 통계를 3학년 1학기에 배운다는 것을 고려하여 학업 계획을 짜야 합니다. 과목 선택이 중요하다고 하니 무조건 심화 과목을 듣는 것이 좋다고 생각하는 부모님이 계실 수 있는데, 심화 과목을 이수했는지도 중요하지만, 선택한 과목의 성적이 더 중요합니다. 특히 대수, 미적분 I, 확률과 통계와 같은 수능과 연계되는 기초 과목의 성적은 대학에서 평가할 때, 매우 중요하게 생각합니다. 이 말은 특목고 선택 과목인 고급 대수를 이수했는지보다 확률과 통계에 대해 얼마나 잘 이해했는지가 더 중요한 평가 기준이라는 이야기입니다. 그래서 심화 과목을 여러 개 선택하는 것이 좋은 것만은 아닐 수 있습니다. 다른 부분에 차이가 없다면 아이가 좋은 성적을 받을 수 있는 학교를 선택하는 것이 우선입니다.

학교마다 교육과정 편성이 이렇게 다릅니다. 다른 과목도 유심히 보면서 아이의 고등학교 생활을 그려봐야 합니다. 고등학교 1학년 2학기가 시작될 때, 2학년 선택 과목으로 무엇을 선택할지 정해야 합니다. 하지만 그때 선택하려고 하면 늦습니다. 고등학교를 선택할 때부터 미리 교육과정 편제표를 확인하고, 아이와 함께 고민하고 준비하세요.

앞의 과정을 정리하면 다음과 같습니다.

① 수능 출제 과목을 언제 이수하는지 확인한다.

② 선택할 수 있는 과목의 종류와 수를 확인한다.

③ 이수하려는 과목의 학점을 확인한다.

다른 과목에도 꼭 적용해서 확인해 보세요. 교육과정 편제표를 비교해야 내 아이에게 맞는 고등학교 선택이 가능하고, 3년 뒤 입시에서 좋은 결과를 낼 수 있습니다. 이것만 알아도 다른 부모보다 한발 앞서 가는 거라고 말씀드리고 싶습니다. 처음부터 여러 학교를 보면서 비교하면 눈에 잘 들어오지 않고 오히려 비교가 힘들어질 수 있기 때문에 딱 두 학교만 먼저 비교해 보세요. 그 다음에 학교를 하나씩 늘려가면서 비교해 나가면 내 아이에게 유리한 교육과정을 가지고 있는 학교가 보일 거라고 확신합니다.

LESSON 1 고·진·탐·전

# 고교선택

## 상위권 학생 많은 갓반고 vs 평범한 학업 수준 평반고

일반고 중에서 평균 학업 성적이 높아 우수한 학생이 많은 학교를 '갓반고', 평범한 수준의 학업 성적을 가진 학교를 '평반고'라고 부릅니다. 갓반고는 학업 분위기가 좋은 편이고 내신보다 수능 성적이 더 잘 나와서 정시를 지원하는 학생이 많습니다.

분위기 좋은 갓반고에 갈 것인가? 내신 성적을 좀 더 수월하게 받을 수 있는 평반고에 갈 것인가?

이는 고입을 앞둔 중학생 학부모에게 가장 현실적인 고민일 것입니다. 우선 아이 학업 수준에 대한 객관화가 필요합니다. 알아볼 수 있는 방법은 관심 있는 갓반고의 기출 문제를 구하는 것입니다. 그런데 보통 기출 문제는 입학하려는 학교 홈페이지에 올려져 있으나 재학생만 이용할 수 있어서 입학 전에는 사용이 어렵습니다. 그렇기 때문에 이미 입학한 선배 를 통해 받거나 다니고 있는 학원에 부탁해도 좋습니다. 온라인 기출 문제 사이트를 활용하는 것도 방법입니다. 학년 위계가 덜한 국어, 영어 시험을 보는 것을 권장하지만, 고등학교 선행을 했다면 수학을 시도해 보는 것도 좋습니다. 우선 기출 문제는 2부씩 프린트하고 실제 시험시간은 보통 50분이므로 OMR카드 표시 시간을 제외하고 45분간 첫 번째 시험을 봅니다. 그리고 두 번째 시험은 시간제한을 두지 않고 보게 합니다. 수학의 경우 선행한 공식이 기억나지 않는다면 공식을 볼 수 있도록 허용합니다. 두 번의 시험이 끝났다면 성적을 비교해 보세요. 만약 처음 시험은 30점, 두 번째 시험은 60점이라면 아이는 30점을 올릴 수 있는 충분한 잠재력을 가지고 있는 것입니다.

확실한 것은 두 번째 시험이 80점 이상이라면 갓반고에 입학해도 좋습니다. 그런데 60점 이상이라면 갓반고에서 중간 등급이 나올 가능성이 크므로, 주변 평반고와 비교해 봐야 합니다. 정시로 가기에도, 수시로 가기에도 애매한 성적대이므로 분위기가 좋은 갓반고에서 내신은 덜 받고 수능 성적을 높여서 정시로 갈 것인지, 평반고에서 내신을 잘 받아서 수시를 노려볼 것인지에 대한 고민이 드는 성적대입니다. 그러므로 아이의 성향을 더 살펴보아야 합니다. 만약 60점 이하가 나온다면 성적 면에서는 평반고가 유리합니다. 하지만 주변 환경에 영향을 많이 받는 학생이라면 갓반고에 가는 것도 방법입니다. 다만, 아이를 위한 수업은 거의 이루어지기 어렵다는 것은 감안하고 지원해야 합니다.

입시를 위한 3년을 결정하는 만큼 여러 가지 변수를 고려해야 합니다. 다음의 표가 아이에게 맞는 합리적인 결정을 하는 데 도움이 되길 바랍니다. 장단점을 알고 입학한다면 어느 고등학교에 가든 시행착오를 줄일 수 있을 것입니다.

### 갓반고, 평반고 비교

| | 갓반고(상위권 일반고) | 평반고(평균 수준 일반고) |
|---|---|---|
| 장점 | • 공부하는 분위기 형성<br>• 상위권 친구들로 인한 긍정적 경쟁 효과<br>• 학교 자체 진학 정보 풍부 | • 경쟁 부담이 적음<br>• 다양한 수준의 친구들과 교류<br>• 비교적 편안한 학교생활 가능 |
| 단점 | • 경쟁 스트레스 심함<br>• 내신 경쟁 치열함<br>• 중하위권 학생 소외감<br>• 사교육 의존도 높을 수 있음 | • 상위권 학생에게는 동기부여 부족 가능<br>• 입시 전략·자료·지원 상대적으로 부족<br>• 학업 분위기 다소 느슨할 수 있음 |
| 분위기 | • 학업 중심, 진학 의지 강함<br>• 상위권 위주 정보 교류 활발<br>• 동아리·탐구 활동 활성화 | • 다양한 진로와 학업 수준 존중<br>• 비교적 여유로운 교우관계 |

LESSON 1 고·진·탐·전

# 고교 선택

## 입시 좀 아는 부모는 여기를 고려합니다

★ ★ ★

의대 쏠림 현상은 현 대한민국 교육의 흐름입니다. 그런데 영재학교와 과학고는 의대를 지원하지 못하게 되어 있어서 전국 영재학교와 과학고 입학생은 의대 진학 제재 방안에 동의한다는 서약서를 작성해야만 지원할 수 있습니다. 의약학 계열 진학을 희망하면 진로 · 진학지도를 받을 수 없으며 의대에 진학하려면 교육비와 장학금을 반납해야 하고 전출을 권고받습니다. 하지만 이러한 제약 없이 수학과 과학을 깊이 있게 공부하면서도 진로 선택의 자유를 보장받을 수 있는 학교가 있습니다. 바로 '과학중점학교'입니다. 수학, 과학에 흥미가 있고 의대나 이공계 진학을 모두 열어두고 싶은 학생들에게 좋은 선택지가 될 수 있습니다.

과학중점학교는 과학고가 아닙니다. 별도의 입학시험 없이 전산 추첨하므로 누구나 지원할 수 있습니다. 과학중점학교는 일반고 체제 안에서 과학 인재를 육성하기 위해 과학, 수학, 정보 특화 교육과정을 운영하는데, 총 이수학점의 45% 이상을 과학, 수학, 정보 관련 교과를 이수하도록 교육과정이 편성됩니다. 참고로 과학고는 약 60%, 일반고는 약 30%로 편성되고 있습니다. 과학중점학교는 학급 전체가 과학중점반으로 운영되는 것이 아니라, 일부 학급만 운영됩니다. 하나의 고등학교 안에 과학중점반과 일반반이 함께 운영되는 것이지요.

#### 서울형 과학중점학교 교육과정

- 3년간 과학, 수학, 정보 관련 교과에서 교과 총 이수학점의 45% 이상 이수
  ※ 과학, 수학, 정보 분야 진로와 관련하여 학생이 희망하는 다양한 교과목 개설 노력
- 과학 교과 선택 과목(일반/진로) 중 7과목 이상 이수
  - 일반 선택(물리학, 화학, 생명과학, 지구과학)
  - 진로 선택(역학과 에너지, 전자기와 양자, 물질과 에너지, 화학 반응의 세계, 세포와 물질대사, 생물의 유전, 지구시스템과학, 행성우주과학)
- 수학 교과 선택 과목(일반/진로) 중 4과목 이상 이수
  - 일반 선택(대수, 미적분 I, 확률과 통계)
  - 진로 선택(기하, 미적분II, 경제 수학, 인공지능 수학, 직무 수학)
- 정보 관련 교과 중 2과목 또는 4학점 이상 이수
  - 일반 선택(정보), 진로 선택(인공지능 기초, 데이터 과학), 융합 선택(소프트웨어와 생활), 전문교과(정보·통신 교과군 중)
- 융합 선택 과목 편성 권장
  - 과학 교과(과학의 역사와 문화, 기후변화와 환경생태, 융합과학 탐구)
  - 수학 교과(수학과 문화, 실용 통계, 수학과제 탐구)

출처: 2025 서울형 과학중점학교 운영계획

수학은 일반 선택(대수, 미적분Ⅰ, 확률과 통계)과 진로 선택(기하, 미적분Ⅱ, 경제 수학, 인공지능 수학, 직무 수학) 중 4과목 이상 이수하게 되어 있으므로 일반반과 큰 차이가 없습니다. 정보도 정보 관련 교과 중 2과목 또는 4학점 이상 이수하면 되므로 큰 부담은 아닙니다. 핵심은 과

학입니다. 일반 선택 4과목(물리, 화학, 생명과학, 지구과학)과 진로 선택 8과목(역학과 에너지, 전자기와 양자, 물질과 에너지, 화학반응의 세계, 세포와 물질대사, 생물의 유전, 지구시스템과학, 행성 우주과학) 중에서 총 7과목 이상을 이수해야 합니다. 과학을 좋아하고 잘한다면, 과학중점반은 고려해 볼 만한 선택지라고 생각합니다.

과학중점반의 첫 번째 장점은 대체로 반 분위기가 좋다는 점입니다. 선발하는 것은 아니지만, 이미 과학중점반을 선택할 때부터 수학, 과학을 좋아하는 우수한 학생들이 지원하는 경우가 많습니다. 의대를 지망하는 학생에게도 전략적으로 과학중점반은 좋은 선택지가 되기도 합니다.

두 번째 장점은 내신 받는 것이 영재학교와 과학고보다 수월한 편입니다. 영재학교와 과학고 학생들은 같은 학교 학생끼리만 내신을 산출하는 반면, 과학중점반은 일반반 학생과 함께 성적을 산출하기 때문에 과목 이수자 수가 많아집니다. 예를 들어 과학중점반 학생이 90명이고 일반반에서 지구과학 선택자가 210명이라면 300명의 학생을 기준으로 내신 등급을 산출하므로 수학, 과학에 관심이 많은 90명으로 내신 산출을 하는 것보다 등급을 잘 받을 수 있습니다.

세 번째 장점은 AI 교육, 데이터 기반 탐구 활동, 메이커, 융합 교육(STEAM 등) 같은 수학 · 과학 · 정보 관련 특색 프로그램이 운영되는 것입니다. 이런 프로그램에 적극적으로 참여한다면 학교생활기록부의 활동 내용을 풍성하게 채울 수 있는 장점이 있습니다. 또한, 수학 · 과학 · 정보 과목에 대한 실험 · 탐구 수업 및 융합 과목 개설 등으로 수학 · 과학 · 정보 전문교육을 받을 수 있습니다. 실제로 대학에서도 같은 내신이라면 과학중점반 이수 경력이 있는 학생을 긍정적으로 평가하고 있습니다.

과학중점반은 장점이 많지만, 후회하는 학생도 있습니다. 분위기가 좋다고 해서 친구 따라 신청했지만, 막상 수학 · 과학 과목을 좋아하지 않는 경우입니다. 학교에서 이루어지는 교과 수업의 절반이 수학 · 과학이라 기초가 탄탄하지 않으면 수업을 따라가기 힘들거나 자신감을 잃어서 학습 의욕이 꺾일 수 있습니다. 1학년에서 2학년으로 올라갈 때 자리가 있다면 일반반에서 과학중점반으로 옮길 수 있으나 과학중점반에서 일반반으로의 이동은 불가합니다. 과학중점반이 잘 맞지 않으면, 전학을 가야 합니다. 그러니 신중하게 결정해야 합니다.

과학중점학교에 대한 자세한 정보가 궁금하다면 각 시 · 도 교육청 홈페이지에서 확인할 수 있습니다. 고교학점제로 과목 선택 폭이 넓어지면서 시 · 도 교육청별로 과학중점학교를 운영하지 않기도 합니다. 예를 들어, 서울은 과학중점학교를 운영하고 있지만, 부산은 2025년부터 운영하지 않습니다. 각 시 · 도 교육청 홈페이지에서 확인해 보아야 합니다.

과학중점학교는 수학 · 과학에 적성과 흥미가 있으면서 의대를 포함한 다양한 진로를 열어두고 싶은 학생에게 좋은 선택지입니다. 단, 수학 · 과학 중심 교육과정이므로 아이의 적성과 학습 수준을 충분히 고려한 후 결정하시기 바랍니다.

LESSON 1 고·진·탐·전

# 고교선택

## 학업 분위기를 알려면, 재수 비율을 확인하세요

부모님이 아이 입학을 결정할 때 가장 궁금해하는 것이 해당 고등학교의 대학 입시 결과입니다. 아이가 입학하면 어느 정도 수준에서 원하는 대학 진학이 가능한지 가늠해 보고 싶기 때문입니다. 하지만 대부분의 학교 설명회에서 발표하는 입시 결과는 중복으로 집계된 수치입니다. 예를 들어 한 학생이 수시로 6개 대학에 모두 합격했다면, 이 6개는 각각 별도로 합산되어 발표됩니다. 즉, 한 학년에 300명이 다니는 학교에서 서울대, 고려대, 연세대 합격생이 30명이라고 해서, '10% 안에 들어가면 우리 아이도 SKY에 갈 수 있겠지'라고 생각하는 것은 큰 오해가 될 수 있습니다.

중요한 점은 입시 결과 수치만으로는 실제 학업 분위기를 제대로 파악하기 어렵습니다. 부모님은 단순히 입결 높은 학교가 아니라, 아이가 자기 성적을 잘 받아낼 수 있고, 학업 분위기가 활발한 학교를 찾길 원합니다. 하지만 이런 학업 분위기는 동네 선배 엄마들의 이야기나 지역 카페의 댓글로는 정확히 알기 어렵습니다. 사람마다 경험이 다르고, 관점이 다르기 때문입니다.

그렇다면 어떻게 객관적으로 학업 분위기를 알 수 있을까요? **졸업생의 진로 현황**을 참고하면 학교의 학업 분위기를 더 정확히 파악할 수 있습니다. 아래 표는 서울 G구 인근 일반고 4곳의 졸업생의 진로 현황입니다. 대학은 4년제 대학 진학자, 전문대학은 전문대 진학자, 기타는 재수생, 취업은 즉시 취업자 비율을 의미합니다.

**서울 G구 일반고 졸업생의 진로 현황(2024년 기준)**

| | 대학 | 전문대학 | 기타(재수생) | 취업 |
|---|---|---|---|---|
| A고 | 46.2% | 13.7% | 40.1% | |
| B고 | 50.3% | 15.1% | 34.6% | |
| C고 | 46.9% | 23.3% | 13% | 13% |
| D고 | 43.9% | 32.2% | 23.9% | |

A, B, C, D고 모두 4년제 대학 진학 비율은 40~50%대로 엇비슷합니다. 하지만 이 수치만으로 학업 분위기를 가늠하기는 어렵습니나. **학업 분위기를 파악할 수 있는 중요한 지표는 바로 '기타(재수생) 비율'**입니다. 학업 분위기가 좋은 학교일수록 학생들이 더 좋은 결과를 얻고자 마지막까지 노력하기 때문에, 원하는 대학에 진학하지 못하면 재수를 선택하는 경우가 많습니다. 즉, 학업 분위기가 활발한 곳은 A고와 B고로 평가됩니다.

특히 수도권에 거주하는 학생은 4년제 대학 진학이 쉽지 않기 때문에, 학교 성적이 상위 40~50% 안에 들지 못하면 전문대학까지 진학을 고려해야 하는 상황이 됩니다. 반대로 지방의 경우에는 지역인재 전형이 있고, 지방 대학은 비교적 진학하기 수월하므로 4년제 진학률이 더 높게 나타납니다.

**서울 강남구 자사고 졸업생의 진로 현황(2024년 기준)**

| | 대학 | 전문대학 | 기타 | 취업 |
|---|---|---|---|---|
| E고 | 41.5% | 3% | 54% | 1.5% |
| F고 | 46.9% | 2% | 50.8% | |

강남에 있는 고등학교를 예로 들면, 재수생 비율이 보통 50%를 넘어갑니다. 즉, 강남의 고등학교를 보낼 때는 2명 중 1명이 재수를 한다고 생각해야 합니다. 위의 표는 대학에 등록한 학생을 기준으로 작성된 데이터이므로 대학에 등록한 후, 재수하는 학생까지 생각한다면 더 높은 비율로 재수한다고 생각할 수 있습니다. 강남 유명 자사고라고 해서 4년제 대학 진학 비율이 일반고보다 높지 않습니다. 이는 강남 학생들이 공부를 못해서 재수하는 것이 아니라, 더 원하는 대학 진학을 위해 전략적으로 재수를 택한다는 점을 보여줍니다. 이처럼 재수생 비율이 높다는 것이 오히려 학업 분위기가 활발하다고 이해할 수 있습니다.

실제로 많은 부모님은 다음과 같은 고민도 하게 됩니다.

"지금 저희 아이 성적으로 재수를 선택하는 게 맞을까요?"

"지방 4년제가 나을까요? 아니면 수도권 전문대가 나을까요?"

아이가 5등급제에서 2등급 이내에 들지 못한다면 이러한 문제로 고민할 수밖에 없지만, 학생의 성향, 성적 분포, 가정의 경제적 상황 등 다양한 요소를 함께 고려해야 하므로 단순하게 답하기 어렵습니다. 그렇기에 고등학교 선택 단계에서부터 2등급 안에 들어갈 수 있는지 한 번 더 생각해 보는 것이 중요합니다. 그리고 만약 수능이나 내신 등에서 승부를 보기 어렵다고 판단된다면, 좀 더 실질적인 대안을 고민해 보는 것도 필요합니다.

졸업생의 진로 현황은 누구나 쉽게 확인할 수 있습니다. 〈학교알리미〉에서 원하는 학교를 검색한 뒤, 공시 연도(예 2024년 기준, 2024년 공시)를 선택합니다. 학생 현황 중 졸업생의 진로 현황에서 조회할 수 있습니다. 최근 2～3년간의 누적된 수치를 비교해 보면서 내 아이가 가고자 하는 학교의 학업 분위기를 미리 점검해 보면 훨씬 더 좋은 판단을 할 수 있습니다. 올바른 정보 검색이 학교 선택의 시작입니다.

- [학교알리미] ▸ [학교 검색] ▸ [공시연도] ▸ [학생 현황] ▸ [졸업생의 진로 현황]
- 학교알리미 졸업생의 진로 현황 확인 방법

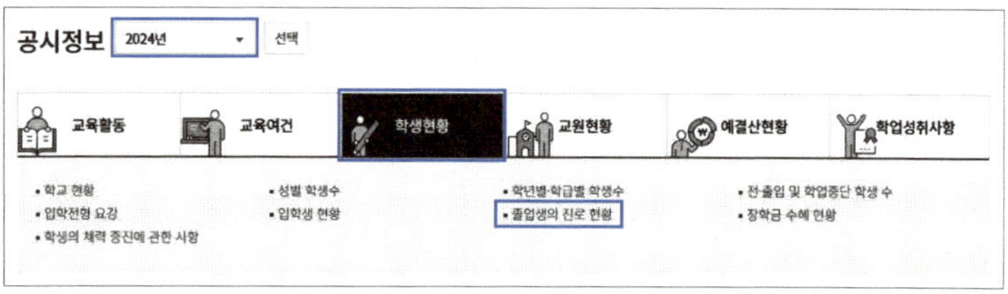


출처: 학교알리미

LESSON 2 고·진·탐·전

# 진로 선택

## 진로 선택 이렇게 해 보세요

"대학에서 전공은 뭐 하고 싶어?"

"아직 잘 모르겠어요."

고등학교에서는 매해 학교생활기록부에 '진로 희망 사항'을 적게 됩니다. 이 기록은 2022년부터 대학에 제공하는 정보는 아니지만, 고등학교에서 학생들을 진로 지도할 때 유용하게 사용하는 정보입니다. 진로 희망이 없는 경우는 '진로 희망 없음'이라고 기록합니다. 실제로 한 반에 1~2명은 '진로 희망 없음'으로 제출하는 경우가 있습니다. 하지만 그렇다고 나머지 친구들이 모두 진로가 뚜렷한 건 아닙니다. 물론 명확한 목표가 있는 학생도 있지만, 상당수는 학교에서 제출하라고 하니까 형식적으로 제출하는 경우가 많습니다. 진로가 뚜렷해야 그에 맞춰 과목 선택도 할 수 있는데, 막상 구체적으로 생각해 본 적이 없는 학생도 많아 과목 선택 자체가 어렵게 느껴집니다.

학교마다 세부 일정에 차이는 있지만, 고등학교 입학하면 교육과정 설명회, 교과 박람회를 통해 선택 교과목과 진로의 관련성을 안내받습니다. 보통 5~6월에는 사전 수요 조사가 있고, 9~10월에는 수강 신청이 이루어집니다. 11월에는 수강 신청 정정 기간을 줍니다. 정정이 끝나면 교과서 주문과 함께 선택 과목이 확정됩니다.

**▌고등학교 과목 선택 절차**

| 사전 수요 조사 | 수강 신청 | 수강 신청 정정 |
|---|---|---|
| [5~6월]<br>• 수강 신청 프로그램으로 모든 교과목 대상 사전 수요 조사 진행<br>• 수강 신청 대상 개설 과목 확정 | [9~10월]<br>• 수강 신청<br>• 수강 신청 개설 과목 확정 | [11월]<br>• 수강 신청 정정 기간 운영<br>• 수강 신청 정정 완료 |

제도가 처음 시행되는 만큼 학생, 학부모, 학교 모두 낯설고 어려움을 겪고 있습니다.

"어휴. 공부 잘하는 애들이나 하고 싶은 게 있는 거지. 우리 애는 딱히 뭘 잘하는지도 모르겠어. 뭘 하려나 걱정이야."

이러한 고민은 평범한 학생을 둔 가정이라면 누구나 한 번쯤 해 보셨을 겁니다. 특히 대입에서 과목 선택이 중요하다고 하는데, 진로 방향이 명확하지 않으면 무엇을 어떻게 고를지 막막하기만 합니다.

중요한 것은 다양한 정보를 얻으면서도 내 아이의 적성이나 관심을 아는 것입니다. 물론 학생 본인도 마찬가지죠. 자신이 어떤 분야에 적성이 있는지, 대학에서 무엇을 배우고 싶은지 명확히 알면 좋겠지만, 현실적으로 처음부터 쉬운 일은 아닙니다. 관심 분야는 자주 달라지기도 하고, 경험이 부족해 모르는 경우도 많으니까요.

제 경험을 들려드리면 고등학교 때까지 지방에서 자라 다양한 직업을 접하기 어려웠습니다. 대학 진학을 앞두고 사범대와 약대 중 고민할 때도 약사라는 직업에 대해 아는 것이 전혀 없어서 결국 아버지가 동네 약사님께 직접 물어보셨으나, 그 약사님의 직업 만족도가 낮아 '약사는 약 파는 장사꾼'이라는 편협한 이미지로 남겨졌던 기억이 있습니다.

하지만 요즘 학생들은 훨씬 많은 정보를 접할 수 있습니다. 실제로 우리 반 학생들만 봐도 박물관 큐레이터, 드럼연주자, 약사, 연구원, 역사학자, 디자이너, 사진사, 프로그래머 등 진로가 다양합니다. 진로 교육이 예전보다 발전했고, 진로 정보도 비교적 쉽게 찾을 수 있습니다. 다음과 같은 사이트를 활용하면 도움이 많이 됩니다.

**임금 직업 포털**(https://www.wagework.go.kr)

다양한 직업인의 인터뷰와 미래 유망 직업까지 살펴볼 수 있습니다. 여러 직업이 무슨 일을 하고 미래엔 어떤 직업이 떠오를지 확인하는 데 좋습니다.

**커리어넷**(https://www.career.go.kr)

여러 종류의 직업심리검사, 직업 및 학과 정보 제공, 직업별 평균연봉 · 일 가정 균형 · 사회공헌 지표, 관련 대학 및 필수 과목 정보 등 실질적으로 도움이 되는 자료가 많습니다.

**서울 진로 진학 정보센터**(https://www.jinhak.or.kr)

수시 · 정시 설명회, 입시 자료집 등 진학 위주 정보가 많고, 학부모 대상 동영상과 자료집도 제공됩니다.

만약 위 사이트들로도 고민이 해결되지 않는다면, 각 대학 홈페이지에서 전공가이드북을 찾아보시는 것도 좋습니다. 서울대, 고려대, 이화여대,

경희대, 동국대, 숙명여대 등 여러 대학에서 전공가이드북을 쉽게 내려받을 수 있습니다. 전공별 배울 내용, 졸업 후 진로, 전공 관련 고교 과목까지 상세하게 안내되어 있습니다. 아이와 함께 앉아 전공가이드북을 보면서 '어떤 전공이 흥미로운가?', '이 전공에 필요한 과목은 뭘까?' 등을 생각해 보면 동기부여에도 도움이 됩니다. 처음부터 딱 하나의 목표를 정하기 어렵다면, 관심 있는 전공 몇 개를 후보로 잡는 것도 충분히 의미가 있습니다.

만약 전공을 뾰족하게 하나만 정하기 어렵다면, 아래의 계열부터 가볍게 범위를 좁혀 보는 것도 한 방법입니다.

**▌대학 계열 분류 예시**

| 인문·사회 | 언어, 문학, 법률, 사회과학 |
|---|---|
| 상경 | 경영, 경제 |
| 교육 | 유아, 초등, 중등, 특수 |
| 자연·생활과학 | 수학, 물리, 화학, 생물, 지구과학 |
| 공학 | 건축, 기계, 전기·전자, 에너지, 컴퓨터 |
| 의료·보건 | 의학, 치의학, 한의학, 약학, 간호학, 수의학 |
| 예체능 | 음악, 미술, 체육, 연극·영화 |

정보가 예전보다 훨씬 풍부해진 만큼, 다양한 자료를 활용해 성적과 적성, 꿈을 차근차근 맞춰 가면 좋겠습니다.

LESSON 2 고·진·탐·전

# 진로 선택

## 과목을 알아야 선택할 수 있습니다

“과목을 선택하라는데 뭐가 뭔지 알아야 선택하지!”

수강 신청 프로그램에는 낯선 과목 이름들이 가득합니다. 예전에는 그냥 ‘사회’, ‘과학’이었는데, 요즘은 ‘국제 관계의 이해’, ‘융합 과학 탐구’, ‘도시의 미래 탐구’ 등 처음 듣는 과목명들이 쏟아집니다. 과목을 선택하라는데, 대체 뭘, 무슨 기준으로 고르면 좋을지 막막하기만 합니다.

과목명은 낯설고, 선택 기준은 복잡합니다. 수강 신청할 때, 주의할 점도 많아 혼란스럽게 느껴집니다. 하지만 이런 혼란은 누구에게나 자연스러운 일입니다.

**▌2022 개정 교육과정 고등학교 편제(192학점)**

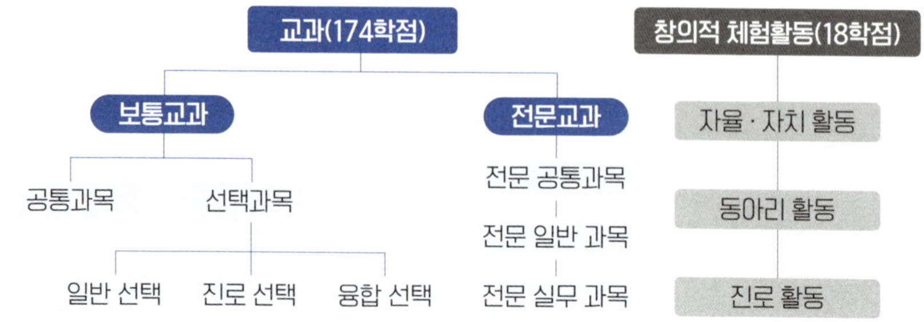


출처: 교육부

우선 2022 개정 교육과정 편제를 이해해야 합니다. 교과는 보통교과와 전문교과로 나뉘고, 보통교과에 공통과목과 선택과목이 있습니다. 보통교과는 일반고에서 필수적으로 편성되고, 전문교과는 일반 교과에서 다루지 않는 심화 · 특화 내용을 포함하며, 특수목적고, 특성화고, 일부 일반고에 편성됩니다. 1학년 때는 공통과목을 이수합니다. 공통국어, 공통사회, 공통수학, 공통영어, 공통과학 등이 여기에 해당합니다. 선택과목은 세 가지 유형으로 구분됩니다.

**▌선택 과목의 유형**

| | |
|---|---|
| 일반 선택 | 교과별 학문 영역 내의 주요 학습 내용을 배우는 과목 |
| 진로 선택 | 교과별 심화 학습 및 진로 관련 과목 |
| 융합 선택 | 교과 내·교과 간 주제 융합 과목, 실생활 체험 및 응용을 위한 과목 |

이 구분을 알고 나면 복잡해 보이던 과목 구조가 조금은 정리가 됩니다. 사회 교과는 지리 · 일반사회 · 역사 · 윤리로 나뉩니다. 고등학교에서는 세계사를 가르치는 선생님을 '사회 선생님'이 아니라 '역사 선생님'이라고 부릅니다. 사회 교과를 전체적으로 보지 않고, 이렇게 세부 영역으로 나누어 보면 훨씬 체계가 잘 보입니다.

1학년 때 공통과목을 이수하면서 어떤 계열에 흥미가 있는지 탐색하는 과정을 가져야 합니다. 특히 공통사회, 공통과학을 이수하면서 지리, 일반사회, 역사, 윤리, 물리, 생명과학, 화학, 지구과학 중 어느 과목에 흥미 있는지 관찰하면, 2학년 과목 선택할 때 도움이 됩니다.

### 사회 교과 분류

| 지리 | | | 일반사회 | | |
|---|---|---|---|---|---|
| 일반 선택 | 진로 선택 | 융합 선택 | 일반 선택 | 진로 선택 | 융합 선택 |
| 세계시민과 지리 | 한국지리 탐구, 도시의 미래 탐구 | 여행지리, 기후변화와 지속가능한 세계 | 사회와 문화 | 정치, 경제, 법과 사회, 국제 관계의 이해 | 사회문제 탐구, 금융과 경제생활 |
| **역사** | | | **윤리** | | |
| 일반 선택 | 진로 선택 | 융합 선택 | 일반 선택 | 진로 선택 | 융합 선택 |
| 세계사 | 동아시아 역사 기행 | 역사로 탐구하는 현대 세계 | 현대사회와 윤리 | 윤리와 사상, 인문학과 윤리 | 윤리문제 탐구 |

### 과학 교과 분류

| 물리 | | | 생명과학 | | |
|---|---|---|---|---|---|
| 일반 선택 | 진로 선택 | 융합 선택 | 일반 선택 | 진로 선택 | 융합 선택 |
| 물리학 | 역학과 에너지, 전자기와 양자 | 과학의 역사와 문화, 기후변화와 환경생태, 융합과학 탐구 | 생명과학 | 세포와 물질대사, 생물의 유전 | 과학의 역사와 문화, 기후변화와 환경생태, 융합과학 탐구 |
| **화학** | | | **지구과학** | | |
| 일반 선택 | 진로 선택 | 융합 선택 | 일반 선택 | 진로 선택 | 융합 선택 |
| 화학 | 물질과 에너지, 화학반응의 세계 | 과학의 역사와 문화, 기후변화와 환경생태, 융합과학 탐구 | 지구과학 | 지구시스템 과학, 행성우주과학 | 과학의 역사와 문화, 기후변화와 환경생태, 융합과학 탐구 |

새로운 제도가 낯설고 복잡해 보여도 전체 틀만 이해하면 아이의 성향과 진로 방향에 맞추어 과목 선택하는 것이 어렵지 않습니다. 우선 낯선 과목명에 익숙해지는 것부터 시작하면 됩니다.

LESSON 2 고·진·탐·전

# 진로 선택

## 과목 선택, 이것만은 꼭 기억하세요!

대부분의 일반고에서는 2학년 1학기에 일반 선택 과목이, 2학년 2학기 또는 3학년에 진로 선택이나 융합 선택 과목이 개설됩니다. 사회 · 과학 과목의 융합 선택은 상대평가가 아닌 절대평가입니다. 상대평가는 성적이 등급별로 나뉘지만, 절대평가는 일정 기준을 충족하는 학생은 모두 A, B, C 등으로 평가받습니다. 따라서 융합 선택 과목은 내신 부담이 덜한 장점이 있습니다. 다만, 진로와 상관없이 절대평가 과목만 선택하면 교과 역량 평가에서 좋은 평가를 받기 어렵습니다.

예를 들어 아이가 생명과학 계열로 진학을 희망하는데, 진로 선택 과목을 이수하지 않고 '융합과학 탐구'나 '과학의 역사와 문화' 등 부담이 덜한 융합 선택 과목만 이수하면, 전공 연계성이 부족하다고 평가될 수 있습니다. 반대로 진로와 관련된 과목을 꾸준히 이수한 학생은 전공 적합성과 학업 지속성에 높게 평가됩니다.

**▌과목별 성적 산출 및 대학 제공 방식**

| 구분 | 대입 전형 자료 | | | | | | | |
|---|---|---|---|---|---|---|---|---|
| | 학교생활기록부 | | | | | | | 추가자료 |
| | 절대평가 | | 상대평가 | 통계정보 | | | 비고 | |
| | 원점수 | 성취도 | 석차등급 | 성취도별 분포비율 | 과목 평균 | 수강자 수 | | |
| 보통교과 | ○ | A·B·C·D·E | 5등급 | ○ | ○ | ○ | ○ | • 교육과정편성현황<br>• 과목별 평가정보<br>- 지필평가, 수행평가 비중<br>- 수행평가영역명<br>- 성취도별 분할점수 |
| 사회·과학 융합선택 | ○ | A·B·C·D·E | - | ○ | ○ | ○ | ○ | |
| 체육예술/과학탐구실험 | - | A·B·C | - | - | - | - | ○ | |
| 교양 | - | P | - | - | - | - | ○ | |
| 전문교과 | ○ | A·B·C·D·E | 5등급 | ○ | ○ | ○ | ○ | |

출처: 2025 고1, 고2 진학지도 자료집, 서울특별시교육청

다음은 과목 선택 시 반드시 알아야 할 기본 사항입니다.

- 3년간 총 이수학점은 교과 174학점, 창의적 체험활동 18학점을 합쳐 192학점을 이수해야 졸업할 수 있습니다.
- 국어 · 수학 · 영어 교과의 총 학점은 81점 이하로 제한됩니다.
- 교과군별 필수 학점을 꼭 채워야 하며, 특히 전학 시 필수 학점 누락 여부를 꼭 확인해야 합니다.

또한 위계가 있는 과목은 순서대로 듣는 것이 좋습니다. 예를 들어 '영

어Ⅰ'을 먼저 이수한 뒤 '영어Ⅱ'로 이어가야 하며, '심화 영어', '심화 영어 독해와 작문' 등은 '영어Ⅰ', '영어Ⅱ'를 이수한 뒤 수강하는 것이 원칙입니다. 이런 순서를 지키지 않으면 수업 내용을 이해하기 어렵고, 학업 부담이 오히려 커질 수 있습니다.

**2022 개정 교육과정 필수 이수학점**

| 교과(군) | 졸업 필수학점 | 교과(군) | 졸업 필수학점 | 교과(군) | 졸업 필수학점 |
|---|---|---|---|---|---|
| 국어 | 8 | 한국사 | 6 | 체육 | 10 |
| 수학 | 8 | 사회 | 8 | 예술 | 10 |
| 영어 | 8 | 과학 | 10 | 기가/정보 제2외국어 | 16 |

출처: 교육부

만약 학교에 개설되어 있지 않은 과목이 있다면 공동교육과정을 통해 이수할 수도 있습니다. 이는 학생의 과목 선택권을 보장하기 위해 여러 학교가 함께 운영하는 수업으로, 오프라인뿐 아니라 온라인으로도 참여할 수 있습니다. 평가 방식이 절대평가이므로 부담은 다소 적지만, 오프라인 수업의 경우 이동 시간이 생기거나 학교 일정과 조율이 필요할 수 있습니다. 따라서 미리 학기 계획을 세우고, 아이의 생활 리듬과 학습 패턴을 고려해 선택하는 것이 중요합니다.

새로운 제도는 늘 혼란을 동반합니다. 학교마다 개설 과목이 다르고, 선택 인원에 따라 수업 난이도와 내신 유불리가 달라질 수도 있습니다. 특정 과목에는 우수한 학생이 몰리는 경향이 있고, 반대로 수강생이 적은 과목은 내신 등급을 받기가 까다로울 수도 있습니다. 이런 부분은 단순히 성적의 문제가 아니라 아이의 자존감과 학습 동기에도 영향을 미치는 현실적인 문제입니다. 따라서 과목 선택에 앞서 아이가 무엇을 좋아하고 언제 성취감을 느끼는지 아이와 충분한 대화가 필요합니다.

LESSON 2 고·진·탐·전

# 진로선택

## 이 과목 안 들으면 대입 원서 못 씁니다

6월 모의 평가를 신청하려고 졸업생이 학교에 찾아왔었습니다. 이 학생은 선호도가 있는 경기도 소재 대학교 신소재공학과에 진학했지만, 다시 수능을 준비하고 있었습니다. 이유를 묻자, 아이는 이렇게 답했습니다.

"전공 공부에 물리가 너무 필요한데, 제가 고등학교 때 물리를 안 해서요."

신소재공학을 이해하려면 반도체, 특수 합금재료, 탄소 복합재료, 태양전지 재료 등 다양한 소재의 구조와 특성을 파악해야 합니다. 그 기본이 되는 것이 바로 물리입니다. 그러나 이 학생은 '물리는 어렵다'라며 고교 시절 물리 과목을 듣지 않았습니다. 결국 대학에서 전공 수업을 따라가기 힘들어 다시 공부를 시작해야 했습니다.

학생들은 대학 합격이 최우선이기 때문에, 상대적으로 수월한 과목을 선택해 내신과 수능 성적을 관리하려는 경향이 있습니다. 반면, 대학 진학 시에는 취업 전망이 좋은 학과를 우선으로 고려합니다. 이렇게 전략적으로 선택한 과목과 전공 선택이 대학 진학 후 발목을 잡는 경우가 점점 늘고 있습니다.

진학하려는 전공이 있다면, 그 전공과 연계된 필수 기초 과목이 무엇인지 반드시 확인해야 합니다. 단순히 '대입에 반영되는가?'의 문제가 아니라, 기초가 없으면 대학 수업 자체를 이해하기 어렵기 때문입니다.

서울대는 전공별로 권장 과목을 세 가지 유형으로 나누어 안내합니다.

- 인문 계열(유형 Ⅰ): 한문/제2외국어에서 1과목 이상 이수 권장
- 자연 계열(유형 Ⅱ): 수학은 '기하', '미적분 Ⅱ' 필수
  간호 대학, 치의학 대학원 치의예학과만 '기하' 또는 '미적분 Ⅱ' 선택
  *과학은 표 참고
- 예체능 계열(유형 Ⅲ): 선택 제한 없음

**▌서울대학교 2028학년도 전공 연계 과학 과목 선택 안내**

| 모집 단위 | 일반 선택 | 진로 선택 |
|---|---|---|
| 자연과학대학<br>물리·천문학부 물리학 전공<br>공과대학<br>기계공학부, 전기·정보공학부<br>원자핵공학과, 조선해양공학과,<br>항공우주공학과<br>사범대학<br>물리교육과 | 물리학 | 3과목 이상 |
| 자연과학대학<br>화학부<br>사범대학<br>화학교육과 | 화학 | |

| 모집 단위 | 일반 선택 | 진로 선택 |
|---|---|---|
| 자연과학대학<br>생명과학부<br>사범대학<br>생물교육과<br>의과대학 | 생명과학 | 3과목 이상<br>(단, 의과대학은<br>'세포와 물질대사',<br>'생물의 유전'을 포함하여<br>3과목 이상) |
| 자연과학대학<br>물리·천문학부 천문학전공,<br>지구환경과학부<br>사범대학<br>지구과학교육과 | 지구과학 | 3과목 이상 |
| 약학대학 | 화학 또는<br>생명과학 | |

특히 자연 계열의 경우, 대학마다 세부 전공에 따라 권장 과목이 구체적으로 다릅니다. 예를 들어 공과대학은 물리, 의과대학은 생명과학 관련 과목 이수를 권장합니다. 의과대학은 '진로 선택' 과목에서 '세포와 물질대사', '생물의 유전'을 반드시 포함하게 되어 있습니다. 이런 과목은 대부분 2학년에 개설되므로, 1학년 때부터 미리 계획을 세워야 합니다.

이러한 '전공 연계 과목 이수'는 서울대뿐 아니라 고려대, 경희대, 동국대 등 주요 대학들도 반영하고 있습니다. 듣지 않아도 지원할 수 있지만 '듣지 않으면 불이익을 피하기 어렵다'라는 점에서 사실상 필수에 가깝습니다. 대학들은 앞으로도 성적뿐 아니라, 어떤 과목을 어떤 이유로 선택하고 얼마나 깊이 있게 학습했는지를 종합적으로 평가할 가능성이 큽니다.

결국, 과목 선택은 입시 전략뿐만 아니라 전공 적합성과 학업 지속력의 문제입니다. 고등학교 때 조금 쉬운 길을 택하는 것이 대입뿐만 아니라 대학에서 큰 어려움으로 돌아올 수 있습니다.

LESSON 2 고·진·탐·전

# 진로 선택

## 진로가 바뀌었는데, 학생부 종합전형 망한 건가요?

“선생님! 저 1학년 때는 환경공학자가 꿈이었는데, 지금은 건축 쪽으로 바꾸었어요.”

“저 1학년 때 미디어학과에 맞추어 동아리 활동도 하고 과제 탐구도 했는데, 아무래도 사회복지로 바꿔야 할 것 같아요. 학종(학생부 종합전형)은 안 되겠죠?”

생각해 왔던 진로에 맞춰 학교 활동을 하고, 과목을 선택하고 과제 탐구도 했는데, 막상 공부하다 보니 이 길이 아닌 것 같을 때가 있죠. 열심히 준비했지만, 3학년 때 현실적으로 원하는 전공으로 진학이 어려울 것 같아 진로를 변경하는 경우도 흔하게 발생하는 일입니다.

그렇다면 진로가 바뀔 경우 학생부 종합전형은 못 쓰는 걸까요?

당연히 그렇지 않습니다. 다음 글을 통해 대학의 생각을 읽으면 더 확실히 이해될 것입니다.

고교 재학 중 학생의 진로가 변경될 수 있음을 알며 학생이 수학하는 고등학교의 교육과정 편성 현황이나 운영 여건이 다양함을 알고 이를 평가에 감안하고 있습니다. 전공 연계 교과 이수 과목을 미이수한 경우라도 학생이 이수한 다양한 선택 과목 내용에 나타나는 적극성과 충실성을 평가에 반영합니다.

– 서울대학교

고교입학 후 진로가 변경되는 것은 충분히 일어날 수 있는 일이며, 고등학교는 진로를 탐색해 나가는 시기이므로 진로 변경이 중대한 평가 요소로 작용하지는 않습니다. 어떤 고민을 바탕으로 '왜' 해당 진로를 결정하였는지, 해당 진로를 정한 후에는 '관련 활동'의 탐색으로 '경험'의 확장 등이 보이고 있는지 등을 눈여겨봅니다.

– 건국대학교

대학은 학생의 희망 진로가 변경될 수 있다는 것을 알고 있습니다. 진로를 찾기 위해 노력하는 과정을 의미 있게 보는 것입니다. 단순히 내신 성적을 잘 받기 위해서나 정시에 집중하기 위해 수월한 과목을 선택하는 경우는 당연히 좋은 점수를 받기 어렵습니다.

진로가 바뀌었거나 진로 설정이 어렵다면 자유 전공학부(무전공이라고도 부릅니다)를 눈여겨보면 좋습니다. **자유전공이란** 전공을 정하지 않고 대학에 입학한 후 전공 탐색 과정을 거친 후 **보건의료, 사범 계열, 예술대학, 체육대학 등을 제외한 대학 내 모든 전공 중 자신이 원하는 전공을 자율 선택하는 제도**입니다. 2025 대입부터 자유전공이 확대되고 있습니다. 교육부가 자유전공 선발 비율을 높인 대학에 성과급, 점수 가산 등의 유인책을 지급하는 정책을 시행하고 있기 때문입니다. 대학에서는 강력한 유인책이 주어지므로 거부할 힘이 없습니다.

그러면 왜 정부는 자유전공 선발을 확대하려고 할까요? 그 이유는 **융합형 인재 양성**에 있습니다. 학과 또는 전공 간 장벽을 허물고 학생들의 다양한 전공 선택 기회를 보장해 창의적 인재를 길러내겠다는 것이 교육부의 생각입니다. 빠르게 변화하는 사회와 산업 환경에서 전공 간 경계를 허물고, 융합적 사고와 문제해결 역량을 갖춘 인재를 양성하는 것이 점점 더 중요해지고 있습니다. 또한 고등학교 시절에 진로를 확정하지 못하는 학생들이 늘어나면서, 대학 진학 후 여러 전공을 직접 경험한 뒤 적성과 흥미에 맞는 분야를 선택할 수 있도록 학생 선택권을 보장하기 위해서라고 해요. 실제로 학종에서 학생을 선발할 때, 전공 적합성이 중요했던 때에서 계열 적합성으로 그 기준이 바뀌는 것이 요즘 대입 평가의 흐름입니다. 가고 싶은 전공을 빠르게 정하고 고등학교 3년 동안 그 전공에 대해 깊이 파고드는 전공 적합성을 그동안 중요하게 생각했다면, 인문, 자연 계열 정도로 진로를 정하고, 폭넓게 다양한 지식과 경험을 습득하는 계열 적합성을 중요하게 생각하는 대학이 늘어나고 있습니다.

앞으로 자유전공학부의 선발 학생 수가 줄 것 같지는 않습니다. 그러면 학생들은 학생부를 어떻게 준비해야 할까요?

대학마다 비율의 차이는 있지만, 학생부 종합전형에서 학생을 평가할 때, 일반학과는 학업 역량, 진로 역량, 공동체 역량을 봅니다. 자유전공은 진로 역량 대신에 자기 주도 역량을 봅니다. 다음 표는 건국대학교 일반학과와 자유전공학부의 서류 평가 요소를 비교한 것입니다. 일반학과는 전공 관련 교과 이수 노력, 진로 탐색 활동과 경험 등 진로 역량을 평가하는 반면, 자유전공학부는 자기 주도성, 창의적 문제해결력, 경험의 다양성 등 자기 주도 역량을 평가합니다.

진로가 아직 명확하지 않다면 다양한 경험을 하는 것이 중요합니다. 여러 가지 활동에 도전해 보도록 격려해 주시고 그 기록을 학생부에 남길 수 있도록 도와주세요. 대학은 얼마나 적극적으로 학교생활을 하고, 다양한 경험을 하려고 했는지를 평가하려고 합니다.

**▌건국대학교 학생부 종합전형 평가 항목 일반학과(학부)와 자유전공학부 비교**

| 일반학과(학부) | | 자유전공학부 | |
|---|---|---|---|
| 평가 요소 | 평가 항목 | 평가 요소 | 평가 항목 |
| 학업 역량 | 탐구력 | 학업 역량 | 학업성취도<br>학업태도 |
| 진로 역량 | 전공(계열) 관련 교과<br>이수 노력<br>진로 탐색 활동과 경험 | 자기 주도 역량 | 자기 주도성<br>창의적 문제해결력<br>경험의 다양성 |
| 공동체 역량 | 협업과 소통 능력<br>나눔과 배려 | 공동체 역량 | 협업과 소통 능력<br>나눔과 배려 |

윤서는 철학, 종교, 사회 문제 등 인문 분야에 관심이 있어 늘 두꺼운 철학책을 읽고 있는 학생이었습니다. 수학 시간에 관찰된 윤서의 모습은 정형화된 문제는 잘 해결하였지만, 어려운 문제를 해결하는 데 반짝이는 아이디어를 제공하거나 문제해결력이 좋은 편은 아니었습니다. 윤서가 빛을 발한 것은 학기 말, 주제 발표를 할 때였습니다. 윤서는 '헤겔[1]의 수적 분석을 통한 미적분의 이의 제기'라는 내용의 발표를 했습니다. 수학과 철학을 연결한 내용의 주제가 놀라웠고, 무한소 개념에 대한 헤겔의 주장을 잘 이해하고 설명하는 모습이 인상 깊었습니다. 윤서에게 철학과를 지원하냐 물었더니 이과 계열을 지원할 예정이랍니다. 이유를 물으니, 부모님이 문과로 가면 취업이 어렵다고 했답니다.

이렇듯 인문적 성향을 보이고 있음에도 자연 계열을 선택하도록 권유받는 경우가 종종 있습니다. 뚜렷한 진로 방향이 보이지 않으면, 우선 자

1) 게오르크 빌헬름 프리드리히 헤겔(1770~1831), 프로이센 왕국(현 독일)의 철학자

연 계열로 진로를 설정하도록 하는 것이 요즘 분위기입니다. 아무래도 자연 계열은 과목 선택 면에서도 꼭 들어야 하는 과목이 정해져 있어 인문에서 자연으로 옮기는 것은 어렵기 때문입니다. 그래서 자연 계열을 준비하다 대입 원서를 쓸 때, 인문 계열로 진로를 바꾸려 하는 경우가 생깁니다. 지난 입시에서는 정시에서 수능만 보는 대학이 많아 자연 계열에서 인문 계열 침공이 자유로운 편이었습니다. 그러나 이제는 선택 과목의 중요도가 높아졌고 이를 정시에도 반영하는 방향으로 가고 있어 앞으로는 쉽지 않아 보입니다.

인문 계열, 자연 계열 안에서 전공을 바꾸는 일은 흔하고 크게 문제 되지 않습니다. 그런데 자연 계열에서 인문 계열로 가거나 인문 계열에서 자연 계열로 계열 자체를 옮겨가는 학생은 자유전공학부에서 원하는 인재상은 아닙니다. 그러므로 고1 때, 적어도 인문 계열과 자연 계열 선택에 대한 고민을 충분히 하는 것이 좋습니다. 2학년 과목 선택을 할 때, 다양한 분야에 관심이 많아서 선택이 어렵거나 혹은 딱히 그렇게 좋아하고 잘하는 특정한 분야가 없다면, 사회, 과학 과목을 둘 다 선택하는 것도 방법입니다. 둘 중 더 좋아하고 잘하는 과목이 있다면 잘하는 과목과 덜 자신 있는 과목의 비율을 2 : 1로 배분합니다. 국 · 영 · 수 같은 기초 과목을 충실히 공부하고, 배운 내용을 더 심화하여 공부합니다. 그리고 다양한 경험을 하고 무엇이 나에게 맞는지 찾는 노력과 과정을 학생부에 담습니다. 그렇게 준비한 학생은 자유전공학부를 지원하면 좋은 평가를 받을 수 있습니다. 윤서는 자유전공을 썼다면 충분히 매력적인 학생이었을 것으로 생각이 됩니다. 수학을 철학적으로 접근하고 파고들 수 있는 아이는 많지 않으니까요. 지금까지의 내용을 정리하면 다음과 같습니다.

### 고등학교 과목 선택 전략

<table>
<tr><td colspan="2">명확한 진로 방향 있음</td><td>• 원하는 학과에서 요구하는 과목 선택</td></tr>
<tr><td rowspan="2">인문/자연<br>계열 뚜렷</td><td>인문 계열<br>(상경, 사회, 어학)</td><td>• 대부분 과목 선택에 제한이 없음<br>• 서울대를 고려한다면 제2외국어/한문에서 1과목 이상 이수 필수<br>• 상경 계열은 ‘경제’, ‘경제 수학’ 이수 권장</td></tr>
<tr><td>자연 계열<br>(의학, 공학,<br>자연과학)</td><td>• 수학: 기하, 미적분Ⅱ 반드시 이수<br>• 과학: 물리, 화학, 생명과학, 지구과학 중 자신 있는 과목 위주로 3과목 이상 이수하면서 자신에게 맞는 과학 과목 관찰, 3학년 때는 이수하였던 과목을 토대로 더 구체적인 진로 설정</td></tr>
<tr><td>인문/자연<br>계열 뚜렷하지<br>않음</td><td>자유전공 고려</td><td>• 국·영·수 기초 과목 탄탄하게 공부<br>• 사회, 과학 중 조금 더 자신 있는 과목에 비중을 두고 과목 선택(사회가 자신 있으면 사회:과학=2:1, 과학이 자신 있으면 과학:사회=2:1로 과목 선택)<br>• 다양한 분야에 관심이 있고 진로를 찾기 위해 다양한 경험을 하고 있음을 학생부 전반에 걸쳐 담아내야 함</td></tr>
</table>

LESSON 3 고·진·탐·전

# 탐구선택

## 대치동 최상위 학생부 관리법

"공부는 문제집이라도 풀리면 되는데 학생부는 대체 어떻게 관리해야 하는 거야?"

부모 세대와는 전혀 다른 입시 체제 속에서 관리 방법을 모르는 부모라면 누구나 답답할 수밖에 없습니다.

한때 〈스카이캐슬〉이라는 드라마가 유행했던 적이 있습니다. 자녀를 명문대에 보내기 위해 부모들이 입시 전쟁에 뛰어드는 이야기를 사실적으로 다루어 큰 공감을 얻었지요. 드라마 첫 장면은 학생부 종합전형으로 서울대 의대에 합격한 학생의 비법을 듣기 위해 이웃들이 줄을 서는 장면으로 시작됩니다. 그렇다면 지금의 대치동 상위권 학생들은 학생부를 어떻게 관리하고 있을까요?

대치동 상위권 학생들은 학생부를 두 가지 방식으로 관리합니다.

첫째, 비교과와 세부능력 및 특기사항(세특)을 관심 있는 분야로 일이관지(一以貫之)[2]하는 경우입니다. 예를 들어 의대를 지망하는 학생 A는 1학년 정보 시간에 '가상현실 인지 재활 훈련이 치매 노인의 인지 및 신체 기능, 우울에 미치는 영향'을 탐구하고 2학년 생명과학 시간에는 '노화의 원인과 해결 방안'을 발표합니다. 이어 3학년 확률과 통계 시간에는 '로지스틱 모델을 활용한 질병 확산 예측'을 주제 발표하지요. 창의적 체험활동에서도 의학 관련 직업인을 인터뷰하는 진로 멘토링에 참여합니다. 즉, 학년과 과목에 상관없이 하나의 관심 분야를 중심으로 탐구를 이어가는 방식입니다.

둘째, 다양한 분야에 폭넓게 관심을 가지는 유형입니다. 진로와 직접 관련이 없어도, 배우는 과목에서 궁금증이 생기면 그 내용을 중심으로 심화 탐구를 진행합니다. 예를 들어 의대를 희망하는 학생이지만 확률과 통계 수업에서 '학생 수가 줄면 1등급 받기가 더 어려울까?' 같은 주제로 탐구를 진행하는 식입니다. 진로와 상관없이 과목 자체의 내용을 깊이 있게 탐구해 학문적 호기심과 논리적 사고력을 드러냅니다.

이 두 가지 방식은 전혀 다르지만 실제 입시 결과에서는 큰 차이가 없습니다. 서울대에 합격한 학생 중에서도 두 유형이 모두 존재합니다. 중요한 것은 학습 대도입니나. 진로가 명확하다면 한 가지 주제를 중심으로 일관성 있게 확장해 가는 것이 좋고, 다양한 과목에 호기심이 많은 학생이라면 과목 자체의 탐구에 집중하는 것도 충분히 의미 있습니다. 결국 핵심은 탐구심을 얼마나 드러내는가입니다.

---

2) 하나의 이치로써 모든 것을 꿰뚫다. 하나의 방법이나 태도로써 처음부터 끝까지 한결같음을 말한다.

학년별로 다음과 같이 준비하면 좋습니다.

### 1학년

1학년 때는 학교 적응이 우선입니다. 이 시기에는 내신이 가장 중요합니다. 흔히 내신을 '신(神) 중의 신'이라고 부릅니다. 내신이 좋으면 특목고 학생들과 경쟁하지 않아도 되는 교과전형을 노릴 수 있고, 학생부 종합전형에서도 선택의 폭이 넓어집니다. 예전보다 학생부 내용이 중요해졌지만, 내신이 무력화된 것은 아니기 때문에 성적 관리와 수행평가에 충실히 집중해야 합니다. 동시에 학교생활 속 다양한 활동을 경험하면서 자신의 관심 분야를 찾아가는 시기이기도 합니다. 진로가 확실하다면 관련 과목에서 심화 탐구를 시도해 보세요. 그러나 아직 진로가 명확하지 않다면 1학년 때는 특정 진로로 학생부를 고정하지 않는 편이 좋습니다. 이후 학년에서 생각이 바뀌거나 성적이 예상과 달라도 유연하게 방향을 바꿀 수 있습니다. 1학년이 끝난 뒤에는 자신의 학생부를 출력해 기록된 활동을 점검하고, 부족한 점을 찾아보는 것이 좋습니다.

### 2학년

2학년은 수업의 깊이가 깊어지고, 선택 과목이 늘어나면서 내신 부담이 커지는 시기입니다. 이때는 탐구 주제를 적극적으로 확장하고, 실생활에 적용하는 시도가 필요합니다. 예를 들어, 프로그래밍에 관심이 많은 은우는 '욕설 탐지 프로그램'을 제작해 교실에 설치한 뒤, 경보음이 욕설 사용을 줄이는 데 실제로 효과가 있는지 실험했습니다. 실생활에서 문제의식을 느끼고 배운 내용을 적용하려는 시도가 면접관의 흥미를 이끌었고, 결과적으로 좋은 입시 결과를 가져왔습니다. 이러한 시도는 2학년 때 아니면 하기 어렵습니다. 3학년이 되면 수능 준비가 병행되기 때문입니다. 또한, 이 시기에는 교내 활동에 폭넓게 참여하는 것을 권합니다. 단기적인 입시 효율만 따지기보다 다양한 활동을 통해 경험의 폭을 넓히는 것이 중요합니다.

### 3학년

3학년은 그동안의 탐구를 마무리하고, 자신만의 관점으로 심화하는 시기입니다. 1~2학년 때 해결하지 못한 궁금증을 발전시켜 진로 관련 혹은 과목 중심으로 심화 연구를 해 보세요.

특히 학생부 종합전형을 준비하는 학생이라면 학교 개설 과목 중 '영어 발표와 토론', '사회문제 탐구', '윤리문제 탐구', '과학과제 연구', '수학과제 탐구'와 같은 수업을 1~2개 선택해 입학사정관의 시선을 끌 수 있는 탐구 결과물을 만드는 것이 좋습니다.

탐구심도 훈련이 필요합니다. 탐구심은 하루아침에 생기지 않습니다. 성향의 문제도 아닙니다. 경험이 쌓여야 비로소 '다음에는 이런 탐구를 해 볼까?'라는 생각이 떠오릅니다. 중학생 때부터 수업을 듣거나 시험공부하면서 떠오른 궁금증을 메모하거나, 뉴스·신문에서 본 흥미로운 주제를 기록하는 습관을 들여야 합니다. 학기 말 과제나 수행평가 시기에 급히 인터넷에서 주제를 찾는다면, 다른 학생들과 비슷한 주제에 머무를 수밖에 없습니다. 부모님 또한 기사나 책을 통해 자녀의 진로와 관련된 내용을 함께 모아주면 좋습니다. 매년 교사들이 느끼는 것은 '올해도 비슷한 주제네'라는 점입니다. 새로운 주제를 떠올리기 어렵다면, 익숙한 주제라도 자신의 상황에 맞는 이야기를 덧붙이거나, 실험 방법이나 실험 대상에 변주를 주어 차별화할 수 있습니다. 또한 탐구 과정에서 부족한 부분이 있다면, 해마다 부족한 부분을 실제로 보완해 나가는 모습을 보이면 더 좋습니다.

마지막으로, 드라마 〈스카이캐슬〉 내용처럼 서울대 합격생 부모에게 아부를 떨면서 정보를 얻지 않아도 인터넷에서 쉽게 합격생의 학생부를 볼 수 있는 방법을 안내합니다. 바로 서울대학교 입학본부 웹진 〈아로리(https://snuarori.snu.ac.kr)〉 입니다.

이곳의 [고교생활] → [내가 이곳에 오기까지]에서는 선배들의 생생한 합격 후기 영상을 볼 수 있고, [학생부 종합전형 안내] → [나도 입학사정관]에서는 전공별 합격생의 학교생활기록부 발췌본과 주요 활동 사례를 확인할 수 있습니다. 단, 수상 내역과 독서 활동은 현재 대입에 반영되지 않으므로 합격생의 학교 활동과 독서 내역은 참고 자료로만 활용하시기 바랍니다. 아이의 진로에 맞는 합격 사례를 살펴보면 학생부를 어떻게 준비해야 하는지, 대학이 어떤 학생을 원하는지 훨씬 명확히 알 수 있을 것입니다.

LESSON 3 고·진·탐·전

# 탐구 선택

## 서울대, 카이스트, 포스텍 3관왕의 과제 탐구 엿보기

과목별 세부능력 및 특기사항(이하 세특)의 중요성은 점점 커지고 있습니다. 그렇다면 어떻게 해야 좋은 세특을 만들 수 있을까요? 세특은 과목 담당 교사가 기록하는 만큼, 교사마다 스타일이 다릅니다. 보통 수업 시간에 보여준 태도, 과목에 대한 이해력, 배운 내용을 심화해 탐구한 활동이 기록됩니다. 따라서 교과 지식을 기반으로 한 심화 학습의 흔적을 수업 시간에 드러내는 것이 중요합니다. 보통 학기 말의 주제 발표는 이를 보완할 좋은 기회입니다.

영호는 서울대, 카이스트, 포스텍 등 국내 최상위권 대학에 합격했습니다. 같은 학교 안에서 비슷한 성적을 가진 학생 중에서도 입시 결과가 좋았고, 특히 학생부를 면밀하게 보는 대학들에서 두드러진 성과를 냈습니다.

그렇다면 영호의 학생부는 무엇이 달랐을까요?

영호가 수학 I 과목에서 삼각함수를 탐구한 내용입니다.

> 삼각함수를 학습하던 중, '삼각함수가 주기적인 현상을 표현하는 수학적 도구'라는 점이 흥미로웠습니다. 파도나 진자의 움직임처럼 주기적으로 반복되는 현상을 삼각함수로 나타낼 수 있다는 사실이 궁금증을 자극했습니다(탐구 이유).
> 이에 교과서에 제시된 사인 · 코사인 함수의 그래프를 정리하고, 위상 이동과 진폭 변화가 실제 그래프에 어떤 영향을 주는지 직접 그래프를 그리며 확인했습니다. 또한 삼각함수의 덧셈정리를 활용해 두 주기함수의 합성이 새로운 파동 형태를 만든다는 점을 탐구하고, 이를 실제 파동의 간섭 현상과 연결 지었습니다(탐구 과정).
> 이 과정을 통해 삼각함수는 단순한 함수가 아니라 자연 현상과 공학적 문제를 해석하는 핵심 언어임을 깨달았습니다. 수학이 현실 세계를 설명하는 다리 역할을 한다는 점을 실감했고, 이를 통해 수학적 모델링의 가치에 대해 눈을 떴습니다(배우고 느낀 점). 앞으로 대학에 진학해서 물리학이나 공학 분야에서 이러한 수학적 도구가 실제로 어떻게 활용되는지 깊이 있게 탐구해 보고자 합니다(학업 계획).

영호의 발표에는 분명한 스토리가 있었습니다. 발표가 논리적으로 이해되면, 세특에도 그 흐름이 고스란히 담깁니다. 학생이 왜 탐구하게 되었는지, 어떤 과정을 거쳤는지, 탐구 후 무엇을 느꼈는지, 그 경험이 앞으로의 학업 계획과 어떻게 이어지는지가 자연스럽게 드러나야 합니다. 읽는 사람이 '탐구한 사람의 활동'을 그릴 수 있도록 하는 기록이 좋은 세특입니다.

하지만 주제 발표를 준비하는 과정에서 학생들이 자주 하는 오해가 있습니다.

첫째, 어려운 내용을 해야 좋은 발표라는 착각입니다. 실제로 발표를 들으면 '이 학생이 정말 이해하고 말하는 걸까?'라는 의문이 들 때가 많습니다. 요즘은 ChatGPT 같은 생성형 AI로 어려운 내용을 쉽게 찾아볼 수 있어서 그렇게 검색한 내용을 읽는 수준의 발표라면 듣는 사람에게 깊은 인상을 남기지 못합니다. 오히려 교과서의 '더 알아보기'에서 출발한 주제가 훨씬 의미 있고 현실적입니다.

둘째, 형식적 스토리텔링의 함정입니다. 탐구 동기 → 과정 → 결과 구조를 억지로 끼워서 맞추면 내용이 부자연스러워집니다. 깊은 고민 없이 형식에 끼워서 맞추려니 탐구 동기는 있는데 주제와 연결성이 없고, 배우고 느낀 점은 어떠한 탐구에 붙여도 상관없을 것 같으니 오히려 설득력이 떨어지는 경우가 많습니다. 겉모습은 그럴듯하게 갖췄지만 핵심 구조는 비어 있는 건물처럼 묘하게 어색한 발표가 되는 이유입니다. 무엇보다 왜 이 주제를 택했는지와 그래서 무엇을 얻었는지 진심으로 고민해야 합니다.

셋째, 과목 간 연계에 대한 강박입니다. 여러 과목을 통합한 내용을 발표할 때, 그 내용의 비중이 어느 과목에 있는지를 고민해 보면 좋습니다. 기초 과목인 수학을 가르치다 보니 생명과학, 지구과학, 물리, 화학, 경제 등 여러 과목의 발표를 듣습니다. 수학의 활용성을 보인다는 측면에서 수학 시간에 발표하는 것도 의미가 있으나 '다른 과목에서 발표해야 더 어울리는 내용 아닌가?'라는 생각이 드는 경우가 많습니다. 과목 융합을 통한 통합형 인재의 모습을 보여주려는 시도는 좋지만, 그 과목 안에서 본인의 과목 역량을 살린 세특이 더 의미 있다고 생각합니다.

또한, 이전 학년의 탐구를 심화 · 확장하려는 시도가 늘고 있습니다. 이는 매우 좋은 방향이지만, 그 과정이 논리적이고 설득력 있을 때 비로소 의미가 있습니다. 실제로 학생부를 잘 관리하는 학생들의 USB를 보면 학년별, 과목별로 폴더가 정리되어 있습니다. 그리고 그 안에 발표 자료, 수행평가 기록이 체계적으로 쌓여 있습니다. 자신만의 포트폴리오를 쌓고 이를 기반으로 다음 탐구를 발전시키는 것이 핵심입니다. 잘 모으고 연결하는 시도를 해야 합니다.

졸업 후 학교를 방문한 영호에게 합격 비결을 물었습니다. 영호는 모든 과목의 세특을 잘 챙기지 못했지만, 강점이 있는 기초 과목을 깊이 탐구했다고 해요. 기초 과목의 세특을 충실히 준비했기 때문에 학과 제한 없이 학생부 종합전형으로 기계공학과, 컴퓨터공학과 등 다양한 전공에 지원할 수 있었습니다. 또한 다른 학생들과 차별화된 탐구 과제를 만들기 위해 많은 고민을 했다고 했습니다. 더불어 자신의 생각을 논리적으로 정리하는 연습을 꾸준히 하려고 노력했다는 말도 덧붙였습니다.

형식은 누구나 따라 할 수 있습니다. 그러나 글로 사람을 설득하는 힘은 하루아침에 만들어지지 않습니다. 교과 선생님을 설득하는 발표와 글쓰기는 좋은 학생부를 만드는 데 큰 역할을 합니다. 그리고 그것은 대학 진학을 넘어, 인생 전반에서 중요한 자산이 됩니다. 생각을 정리하는 글쓰기는 앞으로 더욱 중요해질 것입니다.

LESSON 3 고·진·탐·전

# 탐구선택

## 바쁜 우리 아이,
## 꼭 해야 하는 학교 활동 TOP 3

내신 공부, 수행평가, 수능 대비 학원까지! 고등학생의 하루는 늘 바쁩니다. 앞으로 학생부의 영향력이 커진다고 하니, 해야 할 일은 많은데 무엇부터 챙겨야 할지 막막한 부모님도 많습니다. 바쁜 생활 속에서도 반드시 챙겨야 할 학교 활동 세 가지가 있습니다.

### 첫째, 독서 관련 활동입니다.

학생부에는 '독서 활동 발달 상황' 란이 있지만, 대학에서 제공되는 자료에는 포함되지 않습니다. 학교에서 독서 활동 관련 활동이 있다면 적극적으로 참여해야 하는 이유입니다. 독서는 사고력과 탐구력을 보여줄 수 있는 가장 좋은 활동입니다. 학교에서 운영하는 독서프로그램(심화 독서 활동, 아침 책 산책, 독서 멘토링 등)이 있다면 반드시 한 개 이상 참여하는 것을 추천합니다. 서울대, 카이스트를 비롯한 주요 대학들은 꾸준히 독서의 힘을 강조해 왔습니다. 탐구의 기본은 독서에서 시작됩니다. 혼자 읽고 탐구 내용을 기록하는 활동도 좋지만, 친구들과 함께 토론하며 생각을 확장하는 경험이 더 깊은 탐구로 이어질 수 있습니다.

### 둘째, 탐구력과 발표력을 기를 수 있는 프로그램입니다.

'학술 포럼'이나 '탐구 발표 한마당'처럼 연구 결과를 공유하는 활동은 매우 의미 있습니다. 예전에는 '탐구대회'라는 이름으로 운영되어 순위나 수상이 중요했지만, 지금은 경쟁해야 한다는 부담 없이 누구나 참여할 수 있습니다.

자신이 탐구한 주제를 모르는 청중 앞에서 발표한다는 건 쉽지 않은 일입니다. 그러나 이 과정에서 아이는 논리적으로 말하는 법, 타인의 시선을 견디는 법, 자기 생각을 정리하는 법을 배웁니다. 결과보다 성장의 과정에 집중할 수 있는 귀한 경험이 됩니다.

### 셋째, 진로 탐색 프로그램입니다.

학교마다 형태는 다르지만, 진로 관련 프로그램은 꼭 참여해야 합니다. 선배나 직업인 멘토를 초청한 특강, 관심 직업인과의 인터뷰, 체험 중심의 진로 캠프 등은 모두 좋은 기회입니다. 이 과정에서 아이가 진로에 대해 깊이 고민하고 탐색한 흔적은 학생부 진로활동 특기사항에 의미 있게 기록됩니다. 단순한 참여보다 스스로 무엇을 느끼고 배웠는지가 중요합니다. 그리고 적극적으로 진로에 대해 고민해 본 경험을 기록에 남겨야 합니다.

이 세 가지 활동은 모두 '학생부 창의적 체험활동(자율 · 자치활동, 진로활동)'에 기록됩니다. 자율 · 자치활동은 500자, 진로활동은 700자까지

입력할 수 있습니다. 활동이 끝나면 담당 부서가 내용을 정리해 담임선생님께 전달하고 학년말에 이를 종합하여 기재합니다. 열심히 참여한 학생은 기록할 내용이 너무 많아 글자 수를 줄이느라 고민하고, 반대로 아무 활동이 없는 학생은 공통 문구로 채워질 수밖에 없습니다. 활동의 질과 참여도가 학생부의 밀도를 결정하는 셈입니다.

효율적인 학교생활을 위해 다음과 같은 표를 만들어 관리해 보세요. 학기 초 학교 프로그램을 미리 확인하고, 학업 · 진로 · 공동체 역량이 균형 있게 드러날 수 있도록 계획하면 좋습니다. 한 활동당 보통 200～250자 정도가 기록되므로, 자율활동과 진로활동에서 각각 2～3개 프로그램에 충실히 참여하는 것이 이상적입니다. 그 이상은 단순 나열식이 되기 쉽습니다.

**▎자율·자치활동, 진로활동 기록표 예시**

| 구분 | 자율·자치활동(500자) | 진로활동(700자) |
|---|---|---|
| 학업 역량 | • 5월: 인문토론한마당(인문사회부)<br>• 7월: 과학탐구토론한마당 (자연과학부) | 9월: 심화실험(자연과학부) |
| 진로 역량 | | • 10월: 진로탐색프로그램 (진로진학부)<br>• 6월: 학술포럼(체험활동지원부) |
| 공동체 역량 | 3월: 학교폭력예방 어울림 프로그램 (학교생활교육부) | |

프로그램이 언제, 어느 부서에서 진행되는지 메모해 두면, 아이의 바쁜 일정을 체계적으로 관리하는 데 도움이 됩니다. 결국 아이 학생부의 내용을 결정짓는 것은 얼마나 바빴느냐가 아니라 무엇에 몰입했느냐입니다.

LESSON 3 고/진/탐/전

# 탐구선택

## 조용한 아이도 리더가 될 수 있습니다

학생부 평가 요소에는 공동체 역량이 포함되어 있습니다. 학업 역량이나 진로 역량에 비해 비중은 상대적으로 작고 변별력도 크지 않지만, 분명 평가의 한 축을 이루는 요소입니다. 입학사정관들의 의견에 따르면, 학급 회장이나 부회장을 했느냐가 중요한 판단 기준은 아니라고 합니다. 그 이유는 간단합니다. 학생부 종합전형을 주로 활용하는 수도권 대학 지원자 중에는 이미 상당수가 학급 임원을 경험한 경우가 많기 때문입니다.

**일반적인 자율 · 자치활동 기록**

1학기 학급 회장으로서 책임감과 봉사 정신을 가지고 급우들의 의견을 존중하여 학급 문제를 해결하며 학급 전체의 인화를 위해 노력함

**학생 활동이 담긴 자율 · 자치활동 기록**

1학기 학급 회장으로서 모든 활동에 적극적으로 참여하며 친구들을 긍정적인 방향으로 이끌었고, 어려운 상황에서도 밝은 태도로 분위기를 주도함. 그 모습에 '인간 비타민'이라는 별칭이 붙었음. 이동수업으로 친구들 간 어색할 수 있는 상황에서도 모두와 즐겁게 지내며 따뜻하고 편안한 학급 분위기를 만들기 위해 꾸준히 노력함. 특히 전학 온 친구에게는 학교생활과 시설을 친절하게 안내하며 자연스러운 적응을 돕는 역할을 자처함. 또한 '교복 잘 입고 오기' 행사에도 적극 참여해 반 친구들을 독려하며 반이 1등을 차지하는 데 기여하는 등 리더로서 모범적인 모습을 보임

위 두 기록을 비교해 보면 결국 회장, 부회장이라는 명함보다 중요한 것은 그 직책을 통해 '공동체에 어떤 변화를 만들어 냈는가?'라는 것을 알 수 있습니다. 학생이 하지 않은 활동이 기록될 수는 없습니다. 봉사의 마음 없이 회장 · 부회장을 맡는 것은 입시에서도, 성장 과정에서도 큰 의미가 없을 것입니다.

"우리 아이는 내성적이라 걱정이에요."

공동체 역량은 꼭 회장이나 부회장으로만 드러내는 것은 아닙니다. 동아리 회장, 과목 부장, 모둠장, 혹은 1인 1역 활동을 통해서도 충분히 보여줄 수 있습니다. 2026 대입 건국대 수시 모집 요강 공동체 역량의 평가 요소를 보면, 대학이 말하는 공동체 역량이란 결국 함께 어울리며 서로를 배려하고, 주어진 역할에 진심을 다하는 태도라는 것을 더 명확히 알 수 있습니다. 큰 직책보다 작은 역할 속에서 성실히 공동체를 이끌어가는 모습이 오히려 더 깊은 인상을 남깁니다.

**건국대학교 공동체 역량 세부 평가 내용**

| | | |
|---|---|---|
| **공동체 역량**<br>공동체의 일원으로서 갖춰야 할 바람직한 사고와 행동 | **협업과 소통능력** | 공동체의 목표를 달성하기 위해 협력하며, 구성원들과 합리적인 의사소통을 할 수 있는 능력 |
| | | • 구성원들과 협력을 통하여 공동의 과제를 수행하고 완성한 경험이 있는가?<br>• 타인의 의견에 공감하고 수용하는 태도를 보이며, 자신의 정보와 생각을 잘 전달하는가? |
| | **나눔과 배려** | 상대방을 존중하고 이해하여 원만한 관계를 형성하며, 타인을 위하여 기꺼이 나누어 주고자 하는 태도와 행동 |
| | | • 학교생활 속에서 나눔을 실천하고 생활화한 경험이 있는가?<br>• 타인을 위하여 양보하거나 배려를 실천한 구체적 경험이 있는가? |
| | **성실성과 규칙준수** | 책임감을 바탕으로 자신의 의무를 다하고, 공동체의 기본 윤리와 원칙을 준수하는 태도 |
| | | • 교내 활동에서 자신이 맡은 역할에 최선을 다하려고 노력한 경험이 있는가?<br>• 자신이 속한 공동체가 정한 규칙과 규정을 준수하고 있는가? |
| | **리더십** | 공동체의 목표 달성을 위해 구성원들의 상호작용을 이끌어가는 능력 |
| | | • 공동체의 목표를 달성하기 위해 계획하고 실행을 주도한 경험이 있는가?<br>• 구성원들의 인정과 신뢰를 바탕으로 참여를 이끌어내고 조율한 경험이 있는가? |

출처: 2026 건국대학교 수시 모집 요강

다음은 그 역량을 구체적으로 드러낼 수 있는 예시들입니다.

• 수학 반장: 수학 반장으로서 수업 전후에 교실 환경을 정돈하고 수업 준비를 돕는 등 책임감 있는 태도로 수업 운영에 이바지함

• 1인 1역: 전자기기 관리 담당 역할을 맡아 매일 기기를 모으고 정리하는 일을 성실히 수행함. 교실과 보관함 사이 거리가 멀고 기기 무

게도 만만치 않았으나 단 한 번의 불평 없이 책임감 있게 임함. 무거운 수거함은 스스로 운반하고, 함께 봉사하는 친구에게는 가벼운 기기 수거함을 맡기는 등 배려심 있는 태도를 보임

- 모둠장: 팀장을 맡아, 팀 전체를 두루 살피며 모두 협동해 과제를 해결할 수 있도록 분위기를 조성함. 영어를 어려워하는 친구를 배려하며 따뜻한 리더십을 발휘함. 학기 말 동료평가에서는 '함께 도전할 용기를 주는 친구', '팀을 위해 헌신한 모범적인 리더'라는 긍정적 평가를 받음

결국 얼마나 멋진 역할을 맡았느냐보다, 주어진 역할에 진정성 있게 임했느냐가 더 중요합니다. 겉으로 드러나지 않는 자리에서 묵묵히 자신의 역할을 다하는 학생이야말로 대학에서도, 사회에서도 반드시 빛날 것입니다. 선생님들은 그런 학생의 모습을 기억하며, 그 진정성이 학생부 기록에 담기도록 늘 고민하고 있습니다.

LESSON 3 고·진·탐·전

# 탐구선택

## 대치동 아이들은 동아리도 전략적으로 선택합니다

'1학년 때는 의학 동아리, 2학년 때는 시사 토론 동아리, 3학년 때는 독서토론반! 일관성이 하나도 없네.'

동아리는 학생부 평가 영역의 세 가지 핵심 역량인 학업 · 진로 · 공동체 역량을 모두 드러내기에 좋습니다. 그래서 고등학교에서는 동아리를 신중히 선택해야 합니다. 대치동 아이들은 이 점을 알고 있기에, 동아리 활동에도 진심입니다.

학생부는 학년별로 자율 · 자치활동, 동아리 활동, 진로활동, 봉사활동 순으로 기재되어 있습니다.

## ▌학생부 창의적 체험활동상황 기재 내용

### ▣ 창의적 체험활동상황

| 학년 | 창의적 체험활동상황 | | | |
|---|---|---|---|---|
| | 영역 | 시간 | 특기사항 | |
| | 자율·자치활동 | | | |
| | 동아리활동 | | | |
| | | | (자율동아리) | |
| | 진로활동 | | 희망분야 | ※ 상급학교 미제공 |
| | | | | |

| 학년 | 봉사활동 실적 | | | | |
|---|---|---|---|---|---|
| | 일자 또는 기간 | 장소 또는 주관기관명 | 활동내용 | 시간 | 누계시간 |
| | | | | | |

출처: 학교생활기록부 기재 요령, 교육부

반면 대학이 서류 평가에 사용하는 '서류 종합평가시스템'에서는 자율 · 자치활동, 동아리활동, 진로활동으로 구분되어, 모든 학년의 활동이 한 눈에 보이도록 한 페이지에 나란히 배열되어 있습니다.

## ▌서류 종합평가시스템상의 기재 내용

| | 1학년 | 2학년 | 3학년 |
|---|---|---|---|
| 자율·자치활동 | | | |
| 동아리활동 | | | |
| 진로활동 | | | |

이렇게 시스템을 만들어 놓은 이유는 무엇일까요?

바로 학년이 올라갈수록 활동 영역이 확장되고, 내용의 깊이를 더해지는지 확인하기 위해서입니다. 입학사정관이 학년별 변화와 연계를 쉽게 파악할 수 있도록 설계된 것이지요. **단순한 참여보다 연계 · 확장 · 심화의 흔적이 있는지를 평가**합니다. **스스로 아이디어를 내고 실질적인 해결책을 모색한 경험을 중요**하게 봅니다.

동아리는 어떻게 선택해야 할까요?

가장 중요한 것은 흥미입니다. 자신이 좋아하고 즐거운 활동이어야 꾸준히 참여할 수 있습니다. 2년 이상 연계성을 가지고 성장의 흐름을 보여주는 것이 좋습니다. 체계가 잘 잡힌 동아리의 경우, 1학년 때는 선배들을 따라 기본기를 익히고, 2학년이 되면 직접 계획하고 이끌어갑니다. 그래서 동아리 활동이 가장 활발해지는 시기는 보통 2학년입니다. 1학년 때 동아리를 고를 때 '이 활동을 내가 2년간 꾸준히 이어갈 수 있을까?'를 반드시 생각해 봐야 합니다.

별개로 동아리를 관심 진로에 맞춰 가입하는 것이 좋은지 묻는다면 꼭 그렇지는 않습니다.

---

동아리 활동과 지원 모집 단위가 일치하지 않는다고 불리하지 않다. 창의적 체험활동 내에서의 동아리 활동은 학생의 소양을 넓히는 기회다. 학습동아리, 체육동아리, 예술동아리, 봉사동아리 등 지원자가 선택한 동아리의 종류를 평가하는 것이 아니라 동아리 활동을 통해 학생이 무엇을 배우고 어떻게 성장하였는지에 관심을 기울인다. 따라서 동아리 활동이 지원 모집 단위와 일치해야 유리한 것은 아니다.

– 서울대학교

---

의대를 지원하는 지운이는 1~2학년 동안 '영어신문 편집부' 동아리 활동을 하였습니다. 영어를 좋아해 즐겁게 참여했지만, 3학년 때 의대 진

학을 결심하고 나니 진로 관련 동아리를 하지 않았다는 점이 걱정이었습니다. 다른 친구들은 생명과학 탐구부, 과학 실험부, 의료 봉사부 등 진로와 관련 있는 동아리 활동을 꾸준히 해 온 것 같은데 자신은 그렇지 못한 것 같아 대입에 불이익이 있을 것 같았습니다. 그래서 지운이는 저에게 동아리를 바꿔야 할지 물었고, 저는 바꾸지 말라고 조언했습니다. 이유는 세 가지입니다.

첫째, 원서를 많이 읽기 때문에 영어 실력은 의대에서도 중요한 역량이라는 점

둘째, 동아리 이름보다 지속적인 활동과 성장의 과정이 평가된다는 점

셋째, 참신함이 경쟁력이 될 수 있다는 점

모두가 과학 · 의료 관련 동아리에 집중하는 상황에서, 영어 신문부 활동은 오히려 신선하게 보일 수 있습니다. 결국, 지운이는 의학 관련 기사를 영어로 작성해 신문에 게재하는 방식으로 활동을 확장했고, 3학년 학생부에는 그 경험이 고스란히 남았습니다. 영어 역량을 드러낸 기록과 한 분야의 지속적인 관심과 성장의 모습을 인정받은 결과, 수시에서도 좋은 결과를 거두었습니다.

동아리 이름보다 중요한 것은 활동의 방향입니다.

학교마다 인기 동아리가 다르고, 경쟁률이 높은 동아리는 면접이나 시험을 거쳐 선발하기도 합니다. 따라서 선발 일정과 평가 방식을 미리 확인해 두는 것이 좋습니다. 프로젝트, 토론, 탐구 등 학생이 주도적으로 참여할 수 있는 활동 중심의 동아리를 추천합니다.

다만 참고를 위해 계열별로 흔히 선택하는 동아리 활동 예시는 다음 표와 같습니다.

**계열별 동아리활동의 예**

| 계열 | 동아리 |
|---|---|
| 인문·사회 | 시사 토론, 교지제작, 모의재판, 방송, 통번역 |
| 상경 | 모의투자, 경제사, 경제 원리, 통계탐구 |
| 자연·생활 과학 | 물리탐구, 화학실험, 생명과학탐구, 환경탐구, 수학연구 |
| 공학 | 건축, 과학기술연구 |
| 의료·보건 | 생명과학탐구, 봉사 |
| 교육 | 교육학연구, 교육봉사 |
| 예체능 | 댄스, 미술, 밴드, 연극 |

창의적 체험 활동은 대학이 학생의 역량을 평가할 때 중요한 요소이긴 하지만, 교과 성적이나 세부능력 및 특기사항보다 비중이 크지 않습니다. 졸업에 필요한 192학점 중 교과가 174학점, 18학점이 창의적 체험활동이라는 점만 봐도 그 차이를 알 수 있습니다. 따라서 동아리 활동에 투자할 시간과 교과 학습의 균형을 신중히 고려할 필요가 있습니다.

물론 동아리 활동을 단순히 시간 대비 효율로만 평가할 수는 없습니다. 동아리는 교과서에서 배울 수 없는 배움의 장이기 때문입니다. 활동하다 보면 실험이 끝나자마자 학원에 가야 한다며 뒷정리하지 않는 부원, 축제 준비에 무관심한 부원, 사사건건 다른 의견을 내며 충돌하는 부원 등 다양한 갈등 상황을 겪게 됩니다. 부모로서는 '이 시간에 공부를 더 하는 게 낫지 않을까?'하는 생각이 들 수도 있습니다. 그러나 이런 과정을 경험한 아이와 그렇지 않은 아이는 성장의 깊이가 다릅니다. 한정된 예산 안에서 계획을 세우고, 의견 충돌을 조율하며 하나의 결과물을 완성하는 과정은 교과 수업으로는 얻을 수 없는 배움입니다. 그 과정에서 아이는 공동체 속에서 협력하는 법을 배우고, 진로에 관한 생각을 구체화해 나갑니다.

아이의 동아리 활동을 대입의 관점이 아니라 성장의 관점으로 바라볼 수 있다면, 그 시야의 차이가 아이를 훨씬 단단하게 자라게 할 것입니다.

LESSON 3 고·진·탐·전

# 탐구 선택

## 학교생활기록부, 학생생활기록부로 착각하지 마세요

학교생활기록부(이하 학생부)는 반별로 교차 점검합니다. 즉, 자신이 담당하지 않는 학생의 학생부를 읽게 되는 것입니다. 한 번은 전혀 모르는 학생의 학생부를 검토하다가 글 사이로 전해지는 진심에 눈물이 고였던 적이 있습니다. 자신의 부족한 점, 그것을 극복하기 위해 노력한 과정이 솔직하게 담겨 있었기 때문입니다.

대입 공정화 방안으로 자기소개서나 교사 추천서가 존재하지 않게 되며, 결국 학생부가 두 서류의 역할까지 겸하게 되었죠. 그래서 학생부에는 자신의 이야기를 담는 것이 더욱 중요해졌습니다. 좋아하는 것, 잘하는 것, 부족한 점과 그 극복 과정, 공동체 속에서의 역할, 공동체를 바라보는 관점 그리고 더 배우고자 하는 열의가 고스란히 드러나야 합니다.

서울대를 목표로 하는 학생이 있었습니다. 예의 바르고, 학급 회장을 여러 번 맡을 만큼 친구 관계도 원만한, 완벽해 보이는 아이였습니다. 그 학생이 탐구한 내용을 발표하고, 보고서를 제출했는데 맨 뒷장에 '학문적 소양이 있다는 내용을 세특에 기록해 주시기를 바랍니다'라는 문장이 적혀 있었습니다. 교무실에서 이야기를 나누다 보니 비슷한 요청을 받은 교사가 여럿 있었습니다. 아마 '서울대는 그런 표현을 좋아한다'라는 말을 들은 듯했습니다. 그러나 학생부는 대입 평가 자료로 활용되기 때문에, 학생이 부탁한 대로 기재하는 것은 명백한 문제입니다. 교육부는 학생부 허위 기재나 금지 사항 위반 등에 대해 교사와 학교 모두에게 엄정히 책임을 묻고 있습니다. 세특은 분명 교사의 평가 영역이기 때문입니다.

3학년 수시 학생부는 매년 8월 31일을 기준으로 마감되어 보통 3학년 담임이나 교과 담당 교사들은 여름 방학 동안 창의적 체험활동의 특기사항과 세특을 작성합니다. 그런데 한 학생이 2학기 개학 직후 찾아와 세특을 수정하고 싶다고 했습니다. 수업 태도도 좋고, 문제 해결력과 수학적 사고가 우수하여 이미 500자 분량을 꽉 채워 기록한 학생이었습니다. 이유는 방학 동안 입시 컨설팅을 받았는데, 2학년 때 기하 성적이 낮으니 3학년 미적분을 통해 기하 역량을 보완하면 좋겠다는 조언을 받았다는 것입니다. 결국 개학 후 학생은 기하와 미적분을 연계해 발표를 다시 진행했고, 그 내용이 기록되었습니다. 이미 꽉 채워진 세특에서 학생의 학습 태도와 열정, 끈기를 표현했던 문장은 지울 수밖에 없었습니다.

결과적으로 학생은 수시 6개 대학 모두 불합격했습니다. 물론 그 이유를 단정할 수는 없습니다. 하지만 이 외에 여러 사례를 통해 깨달은 것은, 탐구 활동의 나열만으로는 학생부 종합전형에서 큰 도움이 되지 않는다는 점입니다.

교사는 수업에 적극적으로 참여하고 친구들에게 긍정적인 영향을 미치는 학생에게 자연스레 호감이 가게 됩니다. 그런 학생들을 평가할 때는 다음과 같은 문장이 자연스럽게 떠오릅니다.

반짝이는 눈빛으로 수업에 임하며,
'1인 1칠판'이라고 별명이 붙을 만큼 참여도가 높고,
문제해결 과정에서 요령을 부리지 않고 원리를 깊이 이해하려고 함

이것은 실제 학생의 수업 태도를 묘사한 문구입니다. 학문적 소양, 탐구력 같은 멋진 말보다 오히려 이런 글이 학생의 진짜 모습을 잘 보여줍니다. 교사마다 기록 방식이나 좋은 세특의 기준은 다르지만, 바로 그 다양함이 세특의 의미를 더해주고, 이런 문장이야말로 아이의 본질을 가장 잘 드러낸다고 생각합니다. 물론 이런 문장만으로 500자를 채운다면 균형이 깨지겠지만요.

요즘은 인공지능 서비스를 이용해 그럴듯한 탐구 활동 보고서나 문구를 쉽게 만들어 낼 수 있습니다. 하지만 교실 속 실제 모습을 진솔하게 담은 글은 그 어떤 인공지능 글보다 강한 진심을 전합니다. 저 역시 고입 면접 위원으로 활동하며 느꼈기 때문에 입학사정관 또한 교사의 진심을 분명 알아볼 것입니다.

참고로 학교생활기록부의 공식 명칭은 '생기부'가 아니라 '학생부'입니다. 학교생활기록부는 학생의 평소 생활이 아니라 학교생활을 기록하는 문서이기 때문입니다. 따라서 학생이 직접 수행하지 않았거나, 학교 교육활동과 무관한 내용은 작성할 수 없습니다. 외부 기관에서 대신 준비한 탐구 활동이나, 학생이 하지 않은 활동을 기재해 달라고 요청하는 것은

교육적으로 옳지 않을뿐더러 입시 부정행위에 해당합니다. 반드시 이를 유념해야 합니다.

LESSON 4 고·진·탐·전

# 전형 선택

## 입시 전형, 알아야 제대로 씁니다

"선생님, 저 수시 안 쓰려고요."

"6장의 기회를 모두 날린다고? 왜?"

"저 논술 쓰려고요."

"저기, 논술도 수시인데."

아이들과 입시 상담을 하다 보면 이런 대화가 자주 오갑니다. 상담하다 보면 학생들이 생각보다 입시 제도를 잘 모른다는 것을 느낍니다. 학생들은 왜 이 전형을 선택했는지, 어떤 장단점이 있는지 이유를 모릅니다. 단순히 남들이 하니까, 혹은 들은 소문만 믿고 '묻지마 지원'을 합니다.

황당한 일들은 매해 반복됩니다.

"우리 반에 수시 7개 지원한 학생 있잖아."

"학교장 추천 전형은 반드시 학교 승인이 필요하다고 몇 번을 말했는데, 승인도 안 받고 썼더라고요."

"면접일이랑 논술일이 겹치는지도 모르고 원서를 넣었대요."

수시 원서 접수가 끝나면 교무실에는 이런저런 사례 제보가 끊이지 않습니다. 예전에는 담임선생님의 도장을 받아야 접수할 수 있었지만, 지금은 학생이 직접 온라인으로 접수하기 때문에 선생님은 사후에 알게 됩니다. 그러다 보니 상담한 내용과 다르게 원서를 작성하는 경우가 많습니다. 그래서 이 시기엔 부모님의 꼼꼼한 확인과 관심이 필요합니다.

대입 전형은 수시와 정시, 두 가지로 나뉩니다. 수시에는 학생부 교과, 학생부 종합, 논술, 실기 전형이 있고, 정시는 수능과 실기 전형으로 구분됩니다. 가장 큰 차이는 모집 시기입니다. 수시는 보통 9월에 원서를 접수하고, 정시는 12월에 원서를 씁니다. 수시는 6회 지원할 수 있고, 정시는 3회까지 지원할 수 있습니다. 2025년 기준으로 살펴보면, 전체 모집의 약 80%가 수시, 20%가 정시입니다. 즉, 대학 입시에서 10명 중 8명은 수시로 선발됩니다. 1학년 때부터 수시를 목표로 내신과 비교과를 준비해야 하는 이유가 여기에 있습니다.

**2025학년도 수시, 정시모집 권역-전형 유형별 모집인원**

| 권역 | 수시모집(명) | 정시모집(명) | 합계(명) |
|---|---|---|---|
| | 합계 | 합계 | |
| 수도권 | 85,846(65.0%) | 46,280(35.0%) | 132,126 |
| 비수도권 | 185,635(88.9%) | 23,173(11.1%) | 208,808 |
| 합계 | 271,481(79.6%) | 69,453(20.4%) | 340,934 |

출처: 2025 고1, 고2 진학지도 자료집, 서울특별시교육청

수시에는 6회 제한이 있지만 모든 학교가 여기에 해당하는 것은 아닙니다. 대표적인 예외가 이공계특성화대학입니다. 카이스트(KAIST), 울산과학기술원(UNIST), 대구과학기술원(DGIST), 광주과학기술원(GIST)이 이에 해당하며, 이 대학들은 수시 6개 원서에 더해 추가 지원이 가능합니다. 단, 포항공과대학교는 수시 6회 제한에 포함됩니다. 이공계특성화대학은 일반고 학생들도 합격 사례가 많으며, 수학 · 과학 교내 활동에 적극적으로 참여했다면 지원을 고려해 볼 만합니다. 한편, 수시에 합격하면 정시 지원이 불가능합니다. 일반 4년제 대학, 산업대인 청운대 · 호원대, 전문대학이 모두 해당합니다. 단, 이공계특성화대학과 사관학교는 예외로, 수시에 합격해도 정시 지원이 가능합니다. 학교 선생님들도 자주 혼동하는 부분이니 반드시 기억해 두세요.

**▌수시 6회 지원 제한 여부 및 합격 후 정시 지원 가능 여부**

| 유형 | 대학 | 6회 포함 여부 | 수시합격자 정시 지원 |
|---|---|---|---|
| 일반 4년제 대학 | 국립대, 사립대, 교육대 | ○ | **불가** |
| 산업대(2개) | 청운대(인천 · 홍성), 호원대(군산) | X | **불가** |
| 특별법에 의해 설치된 대학, 각종 학교 | 광주과학기술원(GIST), 한국과학기술원(KAIST), 대구경북과학기술원(DGIST), 울산과학기술원(UNIST), 한국에너지공과대학교(KENTECH), 육사, 공사, 해사, 국군간호사관학교, 경찰대, 한국예술종합학교, 한국방송통신대, 한국전통문화대, 한국농수산대, 한국폴리텍대 | X | 가능 |
| 전문대학 | 국공립대, 사립대 | X | **불가** |
| 전공대학 | 국제예술대, 백석예술대, 정화예술대 | X | 가능 |
| 기타 대학 | 태재대 | X | 가능 |

출처: 2025 학생용 진로진학 로드맵, 경기도교육청

**▍2025학년도 수시모집 권역-전형 유형별 모집인원**

| 전형 유형 | 수도권 | | 비수도권 | |
|---|---|---|---|---|
| | 인원(명) | 비율(%) | 인원(명) | 비율(%) |
| 학생부 위주(교과) | 27,806 | 32.4 | 126,669 | 68.2 |
| 학생부 위주(종합) | 37,867 | 44.1 | 41,057 | 22.1 |
| 논술 위주 | 9,778 | 11.4 | 1,488 | 0.8 |
| 실기/실적 위주 | 8,241 | 9.6 | 14,290 | 7.7 |
| 기타 | 2,154 | 2.5 | 2,131 | 1.1 |
| 합계 | 85,846 | 100 | 185,635 | 100 |

출처: 2025 고1, 고2 진학지도 자료집, 서울특별시교육청

### 1) 학생부 위주(교과)

학생부 교과 성적을 중심으로 선발하는 전형입니다. 2025학년도 기준 수도권의 교과전형 비율은 32.4%, 비수도권은 68.2%로 비수도권 비중이 높습니다. 즉, 수도권은 종합 전형 중심, 비수도권은 교과전형 중심이라는 점을 알 수 있습니다. 내신(교과) 성적으로 평가하는 만큼 합격 예측이 비교적 정확하지만, 대학마다 수능 최저학력기준, 면접 유무, 성적 산출 방식이 다르기 때문에 근소한 점수 차이로 결과가 엇갈리기도 합니다. 특히 학교장 추천이 필요한 전형이 많습니다. 이 전형은 원서 접수 전 반드시 학교 승인을 받아야 하며, 지역 균형, 학교장 추천, 고교 추천, 교과우수자 등으로 명칭이 다르므로 추천을 받아야 하는 전형인지 반드시 확인해야 합니다.

고교학점제가 도입되면서 내신이 5등급제로 전환되므로 대학은 수능 최저학력기준, 면접을 강화할 가능성이 있습니다. 수능 최저학력기준이란, 수시 합격을 위해 대학이 요구하는 최소한의 수능 등급 조건입니다.

'3합 7'이라면 국어 · 영어 · 수학 · 탐구 중 세 영역의 등급 합이 7 이하여야 함을 뜻합니다.

**수능 최저학력기준 등급의 예**

| 예시 | 결과 |
|---|---|
| 국어 2+수학 3+영어 1=6등급 | 충족(합격 가능) |
| 국어 3+수학 2+탐구 3=8등급 | 미충족(불합격) |

이처럼 수능 최저를 충족할 수 있는지를 미리 분석해야 합니다. 또한 선택 과목 이수 내용, 세부능력 및 특기사항도 정성 평가할 가능성이 크기 때문에 대입 전형 계획을 자세히 살펴보아야 합니다. 교과전형을 목표로 하더라도 쉬운 과목만 선택하거나 수능 공부를 소홀히 하는 것은 매우 위험한 생각입니다.

### 2) 학생부 위주(종합)

수도권 대학에서 수시 중 가장 높은 비중을 차지하는 전형입니다. 최근에는 서류형과 면접형으로 분화되는 추세로, 두 유형을 모두 운영하는 대학도 늘고 있습니다. 면접형은 1단계에서 서류 평가로 일정 배수(보통 3~5배수)의 인원을 선발한 뒤, 2단계에서 면접을 통해 최종 합격자를 가릅니다. 서류형, 면접형을 모두 운영하는 대학의 경우 서류형은 학업 역량에, 면접형은 진로 역량에 더 큰 비중을 두고 평가하는 경향이 있습니다. 2028 대입에서 가장 많은 변화가 있을 것으로 예상되는 전형입니다. 권장 과목 평가 방식, 학생부 성적 반영 방식이 달라질 예정이니, 대입 전형 계획 변화를 특히 주의 깊게 살펴야 합니다. 학생부 종합전형 평가 요소로는 '학업 역량(학업성취도, 학업 태도, 탐구력), 진로 역량(전공(계열) 관련 교과 이수 노력, 전공(계열) 관련 교과 성취도, 진로 탐색 활동과 경험), 공동체 역량(협업과 소통 능력, 나눔과 배려, 성실성과 규칙 준수, 리더십)'이 일반적이나 대학마다 요구하는 인재상이 다르고 대학이나 전형 유형에 따라 반영 비율도 다양하게 적용됩니다.

### 3) 논술 전형

논술 전형은 수도권 대학을 중심으로 운영됩니다. 지역 소재 대학 중 논술 전형을 시행하는 대학은 2027 대입 기준 경북대, 고려대(세종), 부산대, 연세대(미래), 한국기술교육대, 홍익대(세종) 6개 대학만 존재합니다. 논술 100%로 선발하는 학교가 많고, 교과 성적을 반영하는 대학도 막상 반영 비율이 낮거나 교과 등급 간 점수 차이가 크지 않아 논술 성적의 영향력이 절대적입니다. 내신 성적이 좋지 않은 경우, 수시 모집에서 노려볼 수 있는 전형이 많지 않아 수능 위주 전형, 즉 정시를 준비하는 학생이 많이 지원하는 전형입니다. 논술 전형은 2028 대입에서도 큰 변화가 없을 것으로 예상이 되지만, 건국대와 같이 인문, 자연 논술이 통합되는지, 출제 과목이 변화되는지 살펴보아야 합니다. 보통 인문 · 자연 · 약술형으로 구분되며, 자연 계열의 경우 상위권 주요 대학들은 고등학교 수학 교육과정의 대부분을 출제 범위에 포함하는 경향이 있습니다. 기하, 확률과 통계, 미적분Ⅱ까지 고르게 문제가 출제될 가능성이 큽니다. 수능 출제 과목인 확률과 통계를 포함하여 출제 과목이 아닌 기하, 미적분Ⅱ까지 소홀히 하지 말고 성실하게 개념을 익히고 학습해 두어야 합니다. 또한 통합 논술에 대비하여 자연 계열은 국어, 통합사회를, 인문 계열은 수학을 소홀히 하면 안 됩니다.

**▌건국대학교 2028학년도 논술위주전형 변경 사항**

<table>
<tr><th>유형</th><th>2026, 2027학년도</th><th>2028학년도</th></tr>
<tr><td>인문</td><td>• 문항: 국어 + 사회 2문항<br>• 범위: 국어, 사회 교과 분야의 다양한 지문<br>• 해당 모집단위: 문과대학</td><td rowspan="3">'통합'으로 일원화<br>• 문항: 국어+통합사회 1문항 수학 3문항<br>• 범위<br>- 국어(화법과언어, 독서와작문, 문학), 통합사회 교과 분야의 다양한 지문<br>- 수학(대수, 미적분Ⅰ, 확률과 통계)<br>• 해당 모집단위: 전체</td></tr>
<tr><td>통합</td><td>• 문항: 국어 + 통합사회 1문항, 수학 3문항<br>• 범위: 국어, 통합사회 교과 분야의 다양한 지문 수학, 수학Ⅰ 수학Ⅱ<br>• 해당 모집단위: 사회과학대학, 경영대학, 부동산과학원, KU자유전공학부</td></tr>
<tr><td>자연</td><td>• 문항: 수학 4문항<br>• 범위: 수학, 수학Ⅰ, 수학Ⅱ, 확률과통계, 미적분, 기하<br>• 해당 모집단위: 이과대학, 건축대학, 공과대학, 융합과학기술원, 생명과학대학, 수의과대학, 사범대학(수학교육과)</td></tr>
</table>

출처: 건국대학교 입학처

입시의 기본 구조와 전형별 특징을 모른 채 원서를 쓰는 것은 위험합니다. 수시와 정시, 전형 간 차이를 이해해야 제대로 된 전략이 보입니다. 입시 제도의 뼈대를 정확히 이해하고 준비하는 것이 현명한 선택의 출발점입니다.

LESSON 4 고·진·탐·전

# 전형 선택

## 현실적인 수시 지원 계획 세우기

### » 모의고사 성적 객관화하기

수시 지원을 시작하기 전, 가장 먼저 해야 할 일은 모의고사 성적을 객관화하는 일입니다. 보통 학교가 자체적으로 출제하는 시험이 아닌, 외부에서 가져오는 전국 단위 시험은 두 가지가 있습니다.

바로 시 · 도교육청이 주관하는 전국연합 학력평가(학력고사)와 한국교육과정평가원이 주관하는 모의 평가(모의고사)입니다. 3학년은 학력고사를 3월, 5월, 7월, 10월, 모의고사는 6월, 9월(2027년 고3부터 8월 시행)에 치릅니다. 가장 큰 차이는 응시 대상입니다. 학력고사는 재학생만, 모의고사는 N수생까지 함께 응시합니다. 그래서 학력고사는 자신의 실력을 점검하고 부족한 부분을 찾는 데 목적이 있고, 모의고사는 전국적인 위치를 확인하는 시험이라고 볼 수 있습니다. 학력고사 성적표와 모의고사 성적표는 구성도 다릅니다. 예를 들어 학력고사 성적표에는 원점수 · 반 석차 · 학교 석차 · 전국 석차 · 문항별 오답 분석 등이 표시되지만, 모의고사 성적표에는 등급 · 표준점수 · 백분위만 나옵니다. 모의고사 성적표에는 응시자 수가 함께 공개되므로, 6월과 9월 시험을 비교해 보면 재수생 증가 비율을 통해 정시 경쟁 변화를 예측할 수 있습니다. 이 정보를 통해 정시의 경쟁 강도를 가늠하고, 수시 6장의 카드를 어떻게 전략적으로 사용할지 고민해야 합니다.

〈어디가(https://www.adiga.kr)〉를 활용해 지원할 수 있는 대학을 탐색해 볼 수 있습니다.

> [대학 정보] ▸ [관심 대학 검색] ▸ [평가 기준 및 입시 결과] ▸ [수능 위주 전형]

이 사이트에서는 지난 입시 결과와 대학별 수능 반영 방식을 비교할 수 있습니다. 대학별 홈페이지에서도 정보를 찾을 수 있지만, 〈어디가〉는 여러 대학의 자료를 한눈에 볼 수 있어서 효율적입니다. 나의 현재 성적에서 갈 수 있는 대학과, 지원 희망 대학이 어떻게 수능 성적을 반영하는지 꼼꼼히 살펴보세요.

### » 내신 성적 객관화하기

정시로 갈 수 있는 대학의 라인을 확인했다면, 이제 내신 성적을 기준으로 수시 전략을 세워야 합니다. 상담하다 보면, 내신 성적이 안 좋으니 아예 수시를 쳐다도 보지 않는 학생들이 있습니다. 하지만 그렇게 6장의 수시 카드를 버리는 것은 매우 아까운 일입니다. 실제 수능에서는 긴장과

컨디션 문제로 평소보다 실력이 제대로 안 나오는 경우가 많습니다. 결국 목표한 점수에 미치지 못해 정시 3장조차 제대로 쓰지 못하는 학생들을 매년 봅니다.

"전 인서울 아니면 안 쓸 거예요."

이렇게 말하는 학생들이 있습니다. 이런 경우 수시 모집에서는 교과전형이나 종합 전형보다는 논술 전형을 주로 선택하게 됩니다. 그래서 논술 전형의 경쟁률은 매우 높습니다.

수시 결과는 〈어디가〉에서도 확인이 가능합니다. 그러나 수시는 재학 중인 학교 입결 데이터가 더 중요합니다. 담임선생님과 상담을 통해 선배들이 어느 대학, 어느 과에 어느 수준의 내신으로 합격했는지를 알아보는 것이 좋습니다.

## » 전형 정하기

### 1) 정시로 갈 수 있는 대학이 더 높은 경우

정시로 지원 가능한 대학이 수시보다 높다고 하더라도, 수시 기회를 포기해서는 안 됩니다. 정시는 단 하루의 수능 성적으로 합격이 결정되는 전형이기 때문에, 컨디션 난조나 실수 등 예기치 못한 변수가 발생할 수 있습니다. 따라서 수시 전형을 통해 안전장치를 마련해 두는 것이 현명한 입시 전략입니다. 단, 반드시 해당 대학의 면접이나 논술 고사 일정이 수능 전인지, 수능 후인지 확인해야 합니다. 정시로 지원 가능하다고 생각되는 대학의 경우 면접이나 논술 고사 일정이 수능 후에 있는 대학만 지원해야 합니다. 수능에서 예상보다 높은 성적을 받았음에도, 이미 합격한 수시 대학에 등록해야 하는 상황이 발생하기도 하기 때문입니다.

### 2) 수시로 갈 수 있는 대학이 더 높은 경우

이때는 '수능 최저 기준'을 반드시 확인해야 합니다. 국수영탐 중 2개 합 5, 3개 합 7인지, 탐구를 사회, 과학을 모두 허용하는지 살펴야 합니다. 또한 '수능 최저 기준'은 최저 기준일 뿐 수능 최저를 맞췄다고 해서 합격한다고 착각해서는 안 됩니다. 그리고 교과전형을 지원하는 것이 이로울지 학생부 종합전형을 지원하는 것이 이로울지 고민해야 합니다. 이 고민을 할 때, 학생부를 미리 준비하지 않았다면 선택지가 교과전형으로 한정됩니다. 고3이 되어 학생부를 급히 꾸미는 것은 한계가 있기 때문입니다. 참고로 대부분 인서울 대학은 교과보다 종합 전형 선발 인원이 약 세 배가 많습니다.

### 3) 내신·모의고사 성적으로 지원 가능 대학이 모두 만족스럽지 않은 경우

이 경우 선택지는 논술 전형입니다. 수학 성적이 좋다면 수리논술, 독해력과 글쓰기 능력이 강하면 언어논술을 준비할 수 있습니다. 하지만 언어논술은 대학별 출제 방식이 다르고 준비 기간이 길어서 3학년 때 시작하면 다소 늦은 편입니다. 논술 100%인 상위권 대학의 수리논술 전형은 영재학교 · 과학고 학생들과 겨뤄야 하므로 경쟁이 매우 치열하다는 점을 잊지 마세요. 그래서 현실적으로 일반 학생에게는 '약술 논술'이 대안이 될 수 있습니다. 약술 논술은 국어, 수학 과목의 수능특강, 수능완성에서 문제가 대부분 출제됩니다. 즉, 수능 공부를 하면서도 논술 준비를 병행할 수 있습니다.

전문대학도 하나의 전략입니다. 논술이나 상향 수시 지원이 부담스럽다면, 전문대학을 현실적인 전략으로 고려할 수도 있습니다. 전문대는 2~3년 과정의 실무 중심 교육을 제공하며, 졸업 후 빠르게 사회로 진출할 수 있다는 장점이 있습니다. 대표적으로 보건의료 계열(간호 · 치위생 · 물리치료), 항공 · 호텔 관광 · 미디어 · 디자인 분야는 전문대에 실습 기반 교육이 특히 잘 갖춰져 있습니다. 일부 학생은 전문 학사 취득 후 4년제 대학으로 학사 편입하는 경로를 선택하기도 합니다. 또한 전문대는 수시 6회 제한에 포함되지 않고, 지원 횟수에 제한이 없습니다.

대부분 수능 최저 기준이 없으며, 내신과 실기 중심으로 평가합니다. 내신 성적 또한 두 학기만 반영하는 경우가 많아 두 학기만 성실하게 학교생활을 해도 지원할 수 있습니다. 전문대 입시 정보 역시 〈어디가〉에서 확인할 수 있으나, 전문대는 한국전문대학 교육협의회에서 운영하는 〈프로칼리지(https://www.procollege.kr)〉를 이용하면 취업률, 등록금, 기숙사 정보 등 전문대 입시에 특화된 상세 데이터를 한눈에 확인할 수 있습니다.

모의고사 성적으로 지원할 수 있는 대학의 라인을 잡고, 그다음 내신 성적을 고려하여 대학을 고르는 것이 수시 입시 전략의 핵심입니다. 이 순서만 지켜도 운이 아닌 데이터에 기반한 전략을 세울 수 있습니다. 무심코 버리는 수시 6장, 정시 3장은 미래의 나에게 후회로 돌아올 수 있다는 것을 명심하세요. 실제로 입시를 지도하면서 N수생들이 가장 많이 하는 말이 있습니다.

"그때 선생님이 그 대학 쓰라고 했을 때, 쓸 걸 그랬어요."

LESSON 4 고·진·탐·전

# 전형 선택

## 집에서도 입시 결과 똑똑하게 분석하는 법

현명한 선택은 지난 데이터를 정확히 이해하는 것에서 시작합니다. 아이의 상황을 이해하려면 분석할 근거가 필요합니다. 이를 위해 필요한 것이 바로 입시 결과입니다.

### » 대입 정보 포털 <어디가> 활용하기

〈어디가〉는 2016년 교육부가 만든 사이트로, 4년제 대학과 전문대학이 입시 결과 자료를 공개하고 있습니다. 대학에서는 합격자의 내신 등급, 대학별 환산 점수, 경쟁률, 충원율 등 다양한 데이터를 공개합니다. 이를 통해 자신에게 맞는 대학과 전형을 똑똑하게 선택할 수 있습니다.

### 1) 50% 컷, 70% 컷, 석차 평균 등급 이해하기

대학별로 〈어디가〉에는 50% 컷, 70% 컷을 공개하고 대학 입시 홈페이지에는 합격자의 평균과 최저 점수를 공개하기도 합니다. 50% 컷은 100명 중 50등에 해당하는 성적, 70% 컷은 100명 중 70등에 해당하는 성적입니다. 이때 대학마다 제공하는 기준이 다를 수 있으니 꼭 확인해야 합니다. '최종 등록자' 합격선과 '전체 합격자'의 합격선은 다르게 해석할 수 있습니다. '전체 합격자'에는 합격했지만 등록하지 않은 학생도 포함됩니다. 그러므로 '최종 등록자'의 합격선이 '전체 합격자'의 합격선에 비해 낮게 나올 수 있습니다. 90% 컷을 발표하는 대학도 있지만, 대체로 지원할 대학과 전공을 선택할 때는 70% 컷을 기준으로 하는 것이 일반적입니다. 90% 컷은 지원 학생 현황에 따라 크게 변동되므로 90% 컷을 기준으로 삼아 지원하는 것은 다소 위험합니다.

"선생님! 왜 70% 컷이 50% 컷보다 성적이 높아요?"

입시 결과를 확인하며 학생들이 많이 하는 질문 중 하나입니다.

50등의 성적이 70등보다 높아야 하는데 종종 바뀌는 경우가 있습니다. 예를 들어 50% 컷의 석차 등급이 3.11인데 70% 컷의 석차 등급이 2.93인 경우입니다. 학생부 종합전형에서 자주 나타나는 현상입니다. 학생부 종합전형은 내신 석차 등급뿐 아니라 학생부를 종합적으로 평가합니다. 성적이 바뀌는 경우 학생부 종합전형에서 서류 또는 면접의 실질 반영률이 높다고 이해할 수 있습니다. 또한, 석차 평균 등급과 50% 컷은 다르다는 것도 이해해야 합니다. 석차 평균 등급은 전체 합격자의 총 등급을 합한 뒤, 합격자의 수로 나누는 일반적인 평균입니다.

**50% 컷 < 합격자 평균인 경우**

성적이 우수한 학생들이 많이 지원하여 평균 등급이 높아진 상황입니다.

**50% 컷 > 합격자 평균인 경우**

꼬리가 긴 형태로 성적이 낮은 학생들도 많이 합격했다는 의미입니다.
즉, 분포가 넓게 퍼진 경우로 볼 수 있습니다.

---

### 2) 대입 전형의 변화 고려하기

해마다 같은 전형이어도 변경되는 부분이 있습니다. 선발 인원이 바뀌거나, 최저학력기준이 없어졌다 생겼다 합니다. 또 최저학력기준이 완화되기도 하고, 강화되기도 합니다. 선발 인원이 줄어들면 일반적으로 입결은 높아집니다. 7명을 뽑던 곳이 5명을 뽑는다면 합격선이 높아질 수밖에 없습니다. 최저학력기준이 완화되면 내신 성적이 좋아야 들어갈 수 있고, 기준이 강화되면 합격선이 낮아질 가능성이 있습니다. 예를 들어 국 · 수 · 영 · 탐 4과목 중 2개 합 5 이내의 기준이 4과목 중 2개 합 6 이내로 바뀌었다면 상대적으로 모의고사 성적 대비 내신 성적이 좋은 학생이 선발될 수 있으므로 과거 입결에 비해 합격선이 올라갈 수 있습니다. 반대로 최저학력기준이 없었다가 생기거나 강화되었다면 모의고사 성적 대비 내신 성적이 좋은 학생이 최저학력기준에 미달하여 떨어지면서 합격선이 내려갈 수 있습니다. 입시 결과는 3개년 치를 비교해야 좋습니다. 예를 들어 지난해 합격선이 높았던 학교는 올해 경쟁률이 떨어져 합격선이 내려갈 수 있습니다. 따라서 이전 입시 결과만을 기준으로 삼지 말고, 전형 변화와 지원 심리까지 고려해서 전략을 세우는 것이 중요합니다. 그리고 수능 당일 예기치 못한 상황도 대비해서 다양한 최저학력기준을 검토하여 지원하는 것이 좋습니다.

### 3) 특목·자사고 성적인지 확인하기

수시 상담 시 상담 카드에 터무니없이 높은 대학을 써 오는 경우가 종종 있습니다. 나름대로 작년 입결을 찾아보고 고민한 후에 쓴 상담 카드인데 담임선생님은 야속하게도 '이렇게 쓰면 위험하다'라고 말씀하십니다. 그 이유는 고교 유형별 입시 결과를 충분히 고려하지 않았기 때문입니다. 대학별 · 전형별 합격선이 특목고나 자율형사립고 학생을 포함한 성적일 수 있으니 주의해야 합니다. 예를 들어 서울대 지역균형전형에서는 약 96%가 일반고 출신이나, 일반전형에서는 33%만이 일반고 출신입니다. 따라서 서울대 일반전형의 50%, 70% 컷을 일반고 성적으로 생각하면 오해를 낳을 수 있습니다.

**2025 대입 서울 주요 대학 신입생 고교 유형별 비율**

(단위: %)

| 대학 | 총입학인원 | 일반고 | 자사고 | 특목고 |
|---|---|---|---|---|
| 서울대 지역균형 | 482 | 96.3 | 2.9 | 0.0 |
| 서울대 일반전형 | 1,415 | 33.3 | 13.2 | 51.2 |
| 연세대(서울) 활동우수 | 583 | 68.6 | 12.2 | 19.2 |
| 고려대(서울) 학업우수, 계열적합 | 1,241 | 50.8 | 21.6 | 27.6 |
| 성균관대 융합, 탐구, 과학인재 | 989 | 40.5 | 23.3 | 35.7 |
| 서강대 종합 일반 | 526 | 27.2 | 25.1 | 47.1 |
| 한양대(서울) 종합 일반 | 674 | 39.3 | 29.1 | 31.6 |
| 중앙대(서울) 융합형, 탐구형 | 769 | 62.4 | 9.5 | 27.7 |
| 한국외대 면접형, 서류형 | 1,026 | 71.9 | 2.1 | 25.4 |
| 숙명여대 면접형, 서류형 | 424 | 69.3 | 10.6 | 20.0 |
| 서울시립대 면접형, 서류형 | 569 | 80.3 | 2.8 | 16.2 |
| 건국대 KU자기추천 | 806 | 80.8 | 7.1 | 11.9 |
| 이화여대 미래인재 | 992 | 82.7 | 1.7 | 15.4 |

출처: 대학알리미

신입생 고교 유형별 비율 공시자료는 〈대학알리미(https://www.academyinfo.go.kr)〉에서 확인할 수 있습니다. 관심 있는 대학을 검색하고 [대학 개별 공시] → [공시 정보] → [학생] → [4-자. 신입생 출신고등학교의 유형별 현황]을 찾으면 됩니다. 연도를 누르면 전형별 출신 고교 유형별 현황을 더 자세히 볼 수 있습니다.

예를 들어 서강대는 2023~2025년까지 일반고 학생의 비율이 줄고 특목고 · 자사고 · 영재학교의 비율이 늘고 있습니다. 이 점은 입시 결과를 해석할 때 꼭 고려해야 할 부분입니다. 2025년 합격선이 떨어졌다면 실제로 성적이 낮아진 것인지, 아니면 특목고 등 비율 증가에 따른 변화인지 〈대학알리미〉에서 확인할 필요가 있습니다.

### 서강대학교 신입생의 출신 고등학교 유형별 현황

| 기준연도 | 출신학교 유형별 입학자 수 비율 | | | | | | | | | | | 출신학교 지역정보별 입학자 수 비율 | | | | | | |
|---|---|---|---|---|---|---|---|---|---|---|---|---|---|---|---|---|---|---|
| | 일반고 | 특수목적고 | 특성화고 | 자율고 | | 기타 | | | | | 소계 | 특별시 | 광역시 · 특별자치시 | 중소도시 | 읍면 | 특수 | 기타 | 소계 |
| | | | | 사립 | 공립 | 영재학교 | 외국인학교 | 외국고등학교 | 검정고시 | 그외 기타 | | | | | | | | |
| 2023 | 62.01 | 10.79 | 1.06 | 11.48 | 4.09 | 0.69 | 0.05 | 8.24 | 1.49 | 0.11 | 100 | 26.57 | 15.14 | 35.87 | 13.92 | 0.16 | 8.34 | 100 |
| 2024 | 60.52 | 12.47 | 0.94 | 11.12 | 2.65 | 0.52 | 0.05 | 9.45 | 2.23 | 0.05 | 100 | 26.13 | 14.34 | 35.74 | 14.08 | 0.21 | 9.51 | 100 |
| 2025 | 54.31 | 14.54 | 1.20 | 14.59 | 1.50 | 1.05 | 0.25 | 11.28 | 1.25 | 0 | 100 | 26.03 | 15.55 | 30.69 | 15.90 | 0.30 | 11.53 | 100 |

자료 기준일: 당해연도 3월 학기 신입생(단위: %)

출처: 대학알리미

서울시립대는 고교 유형별 성적 현황을 공개하여 일반고, 자사고, 특목고의 합격선 차이를 가늠해 볼 수 있습니다. 학교생활을 충실히 하고 학생부에 그 내용이 잘 기록되어 있다면 인문 계열 특목고인 외고 · 국제고의 경우 9등급제 중 4등급, 자연 계열의 특목고인 영재학교, 과학고의 경우 6등급까지도 서울시립대에 도전해 볼 만하다는 것을 알 수 있습니다. 자사고 학생은 일반고 대비 1~2등급 정도 낮아도 지원 가능성이 있다고 이해할 수 있습니다.

**▍2025 대입 서울시립대 수시모집 최종 등록자 고교 유형별 성적 현황: 학생부 종합 I (면접형)**

(단위: 등급)

| 계열 | 모집단위 | 일반고 | 자사고 | 특목고 |
|---|---|---|---|---|
| 인문 | 행정학과 | 2.3 | - | 4.13 |
| 인문 | 경제학부 | 2.38 | 3.15 | 4.12 |
| 인문 | 영어영문학과 | 2.37 | - | 4.63 |
| 자연 | 전자전기컴퓨터공학부 | 2.25 | 3.77 | 6.55 |
| 자연 | 기계정보공학과 | 2.5 | 3.74 | 6.03 |
| 자연 | 환경공학부 | 2.1 | 4.78 | 6.31 |

출처: 서울시립대 입학처 홈페이지

정확한 정보를 제대로 이해하고 종합적으로 고려해야 성공 확률이 높아집니다. 분명 관심을 가지고 찾아볼수록 합격 확률을 높일 수 있다는 점을 꼭 기억하세요.

LESSON 4 고·진·탐·전

# 전형 선택

## 수시, 정시는 밸런스 게임이 아닙니다

"저 정시인데요."

요즘 교실에서 자주 들리는 말입니다. 일종의 프리패스처럼 사용되지요.

"수행평가 안 하니?"

"저 정시인데요."

"수업 시간에 왜 늦었어?"

"저 정시인데요."

이 짧은 대화는 지금 고등학교의 현실을 보여줍니다. 정시로 방향을 정한 순간, 많은 아이의 태도가 달라집니다. 학교생활 전반이 무의미하게 느껴지는 것이지요. 요즘은 학교가 아니더라도 수능 공부를 할 수 있는 곳이 많습니다. 학원, 인터넷 강의, 과외, 심지어 유튜브에서도 지식을 배울 수 있습니다. 대학 입시를 위한 공부만 놓고 보면 학교 밖이 훨씬 효율적으로 보이기도 합니다.

사실, 수능 위주로 공부하겠다는 결심 자체는 문제 되지 않습니다. 문제는 그 이후입니다. 수행평가를 소홀히 하고, 수업 참여도가 떨어지고, 출결마저 불안정해집니다. 결국 고등학교는 '졸업만 하면 된다'라는 식으로 흘러갑니다. 학교가 제 역할을 하지 못하는 현실이 안타깝지만, 아이들만 탓할 수도 없습니다. 입시가 절대적인 상황에서 내신으로는 승부가 어렵다고 판단되면 정시를 택하는 것이 어찌 보면 자연스러운 일이니까요.

처음엔 저도 그러한 선택이 효율적이라고 생각했습니다. 그런데 여러 해 동안 지켜본 결과, 이상하게도 정시파를 자처한 학생들 가운데 수능 성적이 기대 이상으로 좋은 경우는 드물었습니다. 내신과 수능을 함께 준비하는 것보다 수능 한 가지에 집중하는 게 더 효율적일 텐데, 왜 결과가 반대로 나올까. 곰곰이 생각해 보니 두 가지 이유가 있었습니다.

### 첫 번째는 학교생활이 무너지기 때문입니다.

학교에 늦게 오거나, 낮에는 자고 밤에 공부하는 습관을 지닌 학생들, 수업 시간에 다른 문제집을 펴놓는 학생들은 겉으로는 효율적인 선택이라 여겼지만, 실상은 가장 비효율적인 선택이 되어버립니다.

수능 시험장은 결국 학교입니다. 우리 학교는 아니더라도, 학교라는 공간에서 오전 8시 40분부터 시험을 봅니다. 학교에서의 생활 리듬, 그 시간대에 집중하는 습관이 바로 수능 당일의 컨디션을 좌우합니다. 수업 중에 다른 문제집을 푸는 것은 집중을 분산시키는 일일 뿐입니다. 학기 초에는 열심히 하는 듯 보여도, 시간이 지나면 결국 수업 시간에 엎드려 자는 경우가 많습니다.

**두 번째는 '정시파'라는 말이 회피성이기 때문입니다.**

내신 공부가 부담스러우니 정시를 택하는 것이지요. 실제로는 수능을 준비한다기보다 내신을 피하는 경우가 많습니다. 이런 학생들은 수능이 다가올수록 다시 수능을 피하기 시작합니다. 남은 일수에 365일 더해 "아직 395일 남았다"라고 말하며 현실을 회피합니다. 이런 태도는 재수해도 크게 달라지지 않습니다.

물론 5등급제 기준으로 학생부 종합전형을 쓰려면 석차 등급 평균이 2등급 안에는 들어야 합니다. 그러니 2학년 2학기쯤부터 정시파가 생기는 건 자연스러운 일입니다. 3등급 이후라면 수능 중심의 공부로 전환하는 것도 충분히 합리적인 선택이지요.

만약 아이가 학생부 종합전형을 쓰기 어려운 성적대라면, 3학년 1학기까지 수능 관련 과목만이라도 내신을 준비하라고 해 주세요. 한 과목이라도 목표를 정해 등급을 올려보게 하는 것이 중요합니다.

또한 대부분 수능 과목의 학교 수업은 3학년 1학기에 수능특강을 부교재로 사용할 가능성이 큽니다. **수능특강과 수능완성은 수능에서 50% 연계되므로 반드시 풀어야 합니다.** 또한 중위권 학생들이 준비하는 **약술 논술의 주요 출제 교재**입니다. 아이들은 인터넷 강의 교재에만 매달리다 수능특강과 수능완성을 소홀히 하는 경우가 많은데, 이는 주객이 전도된 모습입니다. 저는 학생들에게 **수능특강, 수능완성을 최소 3회 독은 해야 한다고 이야기합니다.** 가장 체감 연계율이 낮은 수학조차 그렇다면, 국어와 영어, 과학은 말할 것도 없습니다. 그러므로 3학년 1학기까지 내신을 챙기는 것은 정시와 약술 논술을 준비하는 데 큰 도움이 됩니다.

수능에서 좋은 결과를 내는 학생들은 공통점이 있습니다. 3학년 1학기까지 수능 과목에 최선을 다하며 내신도 함께 챙기던 학생들입니다. 이들은 3학년 1학기 기말고사가 끝나자마자 빠르게 수능 모드로 전환합니다. 두 가지를 병행했던 경험이 그대로 수능 공부로 이어지기 때문에 수능 공부를 하면 그 효율이 큽니다.

고등학교 3학년은 매우 중요한 시기이므로 모든 아이가 최선을 다할 것 같지만, 실제로는 그렇지 않습니다. 멘탈이 흔들리고 방황하는 시간이 많습니다. 1년은 아이들에게 생각보다 긴 시간입니다. 보통 3~4월에는 열심히 하다가, 성적이 오르지 않으면 5~6월은 방황합니다. 7월 기말고사가 끝나면 수시 친구들이 잠시 쉴 때 같이 놀고, 8월은 허송세월하다 9월이 되어야 모의 평가를 보고 다시 정신을 차립니다. 10월부터는 '이제 정말 해야지' 하며 달리지만, 이미 시간이 부족합니다. 그러한 면에서 내신 시험은 아이들에게 긴장감을 유지하게 하는 역할을 하여 꾸준히 공부 리듬을 잡는 데 필수적입니다. 정시를 목표로 했다면 모의고사를 기준으로 단기 목표를 세우는 것이 중요합니다. 6월, 9월 모의고사까지 어느 정도의 목표를 달성할 것인지 현실적으로 가능한 자신만의 목표를 설정하도록 도와주어야 합니다.

수시, 정시 중 하나를 선택하는 밸런스 게임이 아닙니다. 앞으로는 더욱 두 전형의 경계가 무너질 것으로 보입니다. 수시파든 정시파든, 한쪽만 택한다는 것은 두 다리가 있는데 한 다리로 뛰는 셈입니다. 한 다리로 뛰는 사람이 두 다리로 뛰는 사람을 따라잡으려면, 자신의 약점을 알고 두 배로 뛰어야 합니다. 그리고 그 선택이 정말 '회피'가 아닌지 반드시 물어봐야 합니다.

LESSON 4 고·진·탐·전

# 전형 선택

## 어마어마한 경쟁률, 논술 합격생의 비밀

"어머! 정우가 연세대 논술에 붙었어요."

합격 발표 날이면 교무실이 들썩입니다. 학생들은 나름의 전략으로 원서를 쓰지만, 그해 선발 인원과 경쟁률, 매년 바뀌는 입시 변수에 따라 결과를 예측하기란 쉽지 않습니다. 그나마 결과를 가늠하기 가장 쉬운 전형은 교과전형입니다. 내신 성적의 영향력이 절대적이기 때문이죠. 그다음이 학종, 그리고 가장 예측하기 어려운 전형이 바로 논술 전형입니다. 누가 붙을지 정말 예상하기 어렵습니다.

2025학년도 논술을 시행한 대학의 전체 평균 경쟁률은 42 : 1이었습니다. 특히 아주대 약학과는 5명 모집에 4,413명이 지원해 무려 882 : 1의 경쟁률을 기록했습니다. 어마어마한 수치입니다. 그렇다면, 이 치열한 경쟁을 뚫고 논술로 합격하기 위해서는 어떤 전략이 필요할까요?

### 1) 실질 경쟁률 고려하기

먼저 확인해야 할 것은 '실질 경쟁률'입니다. 처음 듣는 분들은 '경쟁률은 경쟁률이지, 실질 경쟁률은 또 뭐지?' 하실 겁니다. 중앙대학교를 예로 들어보겠습니다.

**▌2025 대입 중앙대 논술 전형 최초 경쟁률 및 실질 경쟁률**

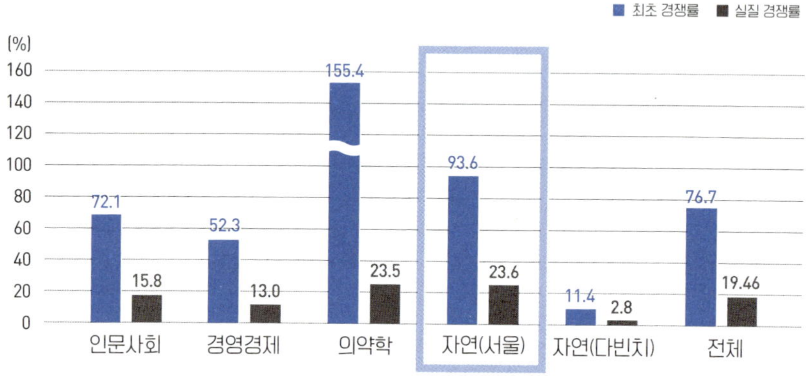


출처: 중앙대학교 2026 논술가이드북

중앙대학교는 자연(서울)의 경우, 최초 경쟁률은 93.6 대 1이었습니다. 원서 접수 직후 발표되는 단순 지원 비율입니다. 하지만 중앙대 논술은 수능 최저학력기준이 높습니다. 2025학년도 기준 국어 · 수학 · 영어 · 탐구 중 3개 영역 등급 합이 6개 이내여야 하며, 탐구는 1과목만 반영합니다. 즉, 네 과목 중 세 과목에서 최소 2등급 이내를 받아야 합니다. 수능 최저를 맞추지 못하면 논술을 잘 봐도 불합격입니다. 또한 이미 수시로 다른 대학에 합격했거나, 정시로 더 높은 대학을 노리는 학생들은 시험에 응시하지 않기도 합니다.

이처럼 수능 최저 충족률과 실제 응시율을 반영해 계산한 수치가 바로 실질 경쟁률입니다.

중앙대 자연(서울)의 실질 경쟁률은 23.6 : 1입니다. 처음 93.6이던 경쟁률이 4분의 1 수준으로 줄었습니다. 참고로 같은 해 중앙대 종합 전형(융합형 인재)의 경쟁률이 20 : 1이었으니, 실질 경쟁률만 보면 큰 차이가 없죠.

**2025 대입 중앙대 논술 전형 경쟁률 및 충원율**

| 모집계열 | 모집인원(명) | 지원인원(명) | 최초 경쟁률 | 실질 경쟁률 | 충원율(%) |
|---|---|---|---|---|---|
| 인문사회 | 148 | 10,676 | 72.1 : 1 | 15.8 : 1 | 10.8 |
| 경영경제 | 89 | 4,657 | 52.3 : 1 | 13.0 : 1 | 9.0 |
| 의약학 | 44 | 6,836 | 155.4 : 1 | 23.5 : 1 | 11.4 |
| 자연(서울) | 149 | 13,950 | 93.6 : 1 | 23.6 : 1 | 34.2 |
| 자연(다빈치) | 48 | 549 | 11.4 : 1 | 2.8 : 1 | 27.1 |
| 총계 | **478** | **36,668** | **76.7 : 1** | **19.46 : 1** | **19.5** |

출처: 중앙대학교 2026 논술가이드북

또한 여기에 충원율까지 고려하면 경쟁률은 더 내려갑니다. 충원율은 모집 인원 대비 추가 합격자 수의 비율을 뜻합니다. 중앙대 자연(서울)의 충원율은 34.2%로, 즉 100명을 뽑는다면 134등까지 합격했다는 뜻입니다. 이를 반영하면 실질 경쟁률은 약 17.5 : 1로 낮아집니다. 중앙대 다빈치 캠퍼스는 실질 경쟁률은 2.8 : 1이고 충원율까지 반영 시 2 : 1 수준으로, 두 명 중 한 명은 합격하는 셈입니다.

이처럼 숫자만 보고 겁먹을 필요는 없습니다. 원서 접수 후 경쟁률이 높다고 미리 포기하지 말고, 지난 입시의 실질 경쟁률과 충원율을 반드시 확인해야 합니다. 그것이 진짜 합격 가능성을 판단하는 핵심 기준입니다.

- 최초경쟁률: $\frac{(\text{지원 인원})}{(\text{모집 인원})}$
- 실질 경쟁률: $\frac{(\text{지원 인원}-A)}{(\text{모집 인원})}$
- 충원율을 고려한 실질 경쟁률: $\frac{(\text{지원 인원}-A)}{(\text{모집 인원}+B)}$
- A: 수능 최저 미충족, 미응시 인원
- B: 추가 합격 인원
- 충원율을 고려한 실질 경쟁률 계산법: $\frac{(\text{실질 경쟁률})}{(100+\text{충원율})}$

예 중앙대 자연(서울) 충원율을 고려한 실질 경쟁률

$$\frac{23.6}{100+34.2}=17.5$$

### 2) 출제 과목 확인하기

대학마다 논술 출제 범위가 다르므로 반드시 확인이 필요합니다. 언어 논술은 대부분 국어, 사회 중심이지만, 상경 계열의 경우 수학이나 통계 문제가 함께 출제되기도 합니다. 따라서 단순히 전공 이름만 보고 지원하면 낭패를 볼 수 있습니다.

"선생님! 여기 수학도 보네요. 몰랐어요."

이런 말을 원서 접수 후에 하는 학생들이 의외로 많습니다.

자연 계열이라면 미적분Ⅱ, 기하, 확률과 통계 중 어떤 과목이 포함되는지 확인해야 합니다. 서울 주요 대학은 대부분 세 과목 모두를 범위에 포함하지만, 2026 대입 기준으로 가톨릭대(의예, 약학과), 광운대는 기하를 제외합니다. 기하가 약한 학생은 이런 대학을 노려볼 수 있습니다.

또한 약술 논술은 국어와 수학을 함께 내는 경우가 많습니다. 문항 수도 대학마다 다르므로, 국어가 강점인 학생은 국어 문항 비중이 높은 대학을, 수학이 강점인 학생은 수학 문항 비중이 높은 대학을 선택하는 것이 유리합니다.

### 3) 논술 고사일 확인하기

수능 이전에 논술을 치르는 대학으로는 연세대가 대표적이고, 가톨릭대 · 단국대(죽전) · 서울시립대 · 성신여대 · 홍익대(서울) 등이 있습니다. 평소 모의고사 성적보다 상향 지원을 노린다면 이런 대학을 선택해 볼 만합니다. 하지만 반대로 '보험용 논술'을 노리는 학생은 주의해야 합니다. 수시에 합격하면 정시는 지원할 수 없기 때문입니다.

멘탈이 약한 학생이라면 수능 전 논술은 피하는 편이 낫습니다. 논술 준비에 최소 2주는 필요하기 때문입니다. 반대로, 경쟁률이 낮아지는 효과를 노리고 일부러 수능 전 시험을 택하는 전략도 있습니다. 결국 아이의 성향과 모의고사 성적에 따라 신중히 판단해야 합니다.

수능 이후 시험을 치르는 대학은 고사 일정이 겹치는 경우가 많습니다. 논술은 시험 시간이 길고 집중력이 요구되므로, 하루에 두 학교 시험을 보는 것은 피하는 게 좋습니다. 원서 접수 전 반드시 대학별 고사 일정을 확인해야 소중한 6장의 수시 카드를 낭비하지 않습니다.

### 4) 대학과 전공 신중하게 선택하기

논술 전형은 경쟁이 치열합니다. 따라서 '상향 · 소신 · 안정'을 균형 있게 분배해야 합니다. 하지만 많은 학생이 '논술은 시험만 잘 보면 된다'라는 생각으로 상향 대학에만 몰아서 지원합니다. 그러다 수능 최저조차 맞추지 못해 수시 기회를 통째로 날리는 경우가 많습니다. 경쟁률이 높을수록 반드시 안정권 대학을 포함해야 합니다. 수능이 잘 나오면 수능 이후 논술은 응시하지 않으면 그만입니다.

대학을 낮추기 어렵다면, 전공을 전략적으로 조정하는 것도 방법입니다. 논술은 전공 적합성을 따지지 않기 때문에, 같은 대학이라도 경쟁률이 낮은 학과를 선택하면 합격 가능성이 커집니다.

---

**중앙대 논술 전형의 경우**

자연계는 의약, 약학, 전자전기공학, 소프트웨어학, 기계공학 순으로, 인문계는 미디어커뮤니케이션, 심리학, 공공인재학, 정치국제학, 사회학 순으로 경쟁률이 높습니다. 이처럼 학생들의 선호도가 몰리는 전공을 피하면 전략적 이점이 생깁니다. 정시에 도전하기 어려운 대학을 논술로 노린다면, 다소 낮은 경쟁률의 전공에 합격해 복수전공이나 부전공으로 진로를 확장하는 전략이 훨씬 현명합니다.

---

'어차피 정시로 갈 거고, 수시는 우주 상향이지!'

이런 생각으로 6 논술을 던지면 6 광탈이 기다리고 있습니다. 논술 전형이 경쟁력 있는 카드가 되려면, 실질 경쟁률, 출제 과목, 고사 일정, 전공별 경쟁률을 꼼꼼히 따져야 합니다. 합격 기회는 작은 차이에서 온다는 것을 잊지 마세요.

LESSON 4 고·진·탐·전

# 전형 선택

## 입시 컨설팅 받아야 할까요?

"선생님! 입시 컨설팅 받아볼까요?"

수험생과 부모님으로부터 많이 받는 질문입니다. 개인적으로는, 인터넷을 통해 충분히 정보를 얻을 수 있고 내 아이에게 맞는 대학과 전형을 찾는 일은 한정적이기 때문에 꼭 컨설팅받지 않아도 충분히 좋은 선택을 할 수 있다고 봅니다. 다만, 아이에게 중요한 시기인 만큼 한 번쯤 받아보고 싶으신 마음은 충분히 이해됩니다. 나중에 '그때 몰라서 고려하지 못했다'라는 아쉬움을 남기고 싶지 않으실 테니까요. 입시 컨설팅을 받기로 마음먹으셨다면, 다음 두 가지는 꼭 준비하고 가셨으면 좋겠습니다.

첫째, 적어도 내 아이에게 맞는 대학 6~10곳은 미리 공부하시고, 질문지를 만들어 가세요.

아무런 준비 없이 가면 컨설턴트가 하는 이야기를 제대로 이해하기 어렵습니다. 결국 충분한 고민 없이 듣고만 오게 되고, 돌아와서 다시 고민하게 됩니다. 미리 기본 정보를 알고 있어야, A 대학을 추천받았을 때 그 이유를 묻고, B 대학과 비교해 어떤 점이 우리 아이에게 유리한지 질문할 수 있습니다. 또 교과전형이 나은지, 종합 전형이 나은지, 종합 전형 안에서도 A 전형이 유리한지, B 전형이 유리한지 묻는 수준의 준비가 있어야 짧은 시간 안에 의미 있는 컨설팅을 받을 수 있습니다. 가장 피해야 할 것은 컨설팅 후 명확한 근거 없이 지원 대학을 바꾸는 것입니다. 컨설턴트는 여러 요소를 고려해 6장의 수시 카드를 제안합니다. 아이와 부모님의 성향에 따라 '안정 2개, 적정 2개, 상향 2개'일 수도 있고, 정시 성적이 잘 나오는 학생이라면, '상향 3개, 적정 2개, 안정 1개'일 수도 있습니다. 중요한 것은 이 6장의 카드의 균형을 지키는 것입니다. 안정 지원 대학이 마음에 들지 않는다고 상향으로 바꿔 버리면, 애써 받은 컨설팅의 의미가 사라집니다.

### 둘째, 아이와 충분히 대화하고 가시기 바랍니다.

입시 상담 현장에서 가장 어려운 경우는 부모와 아이의 생각이 다를 때입니다. 어떤 대학을 고려하는지, 어떤 전형을 생각하는지, 재수에 대한 의견은 어떤 지에 대해 미리 이야기하고 가야 상담이 의미 있는 방향으로 진행됩니다. 입시는 틀린 답은 명확하지만, 옳은 답은 한 가지가 아닙니다. 아이마다, 상황마다 다른 판단이 필요합니다. 예를 들어 아이는 "재수는 하고 싶지 않아요. 지금 실력으로 갈 수 있는 대학을 지원하고 싶어요."라고 말합니다. 반면 부모는 "조금 더 도전해서 재수하더라도 더 좋은 대학에 가는 게 낫지 않겠어?"라고 말합니다. 이런 의견 차이가 조율되지 않은 상태라면, 상담하는 사람은 방향을 잡기 어렵습니다.

졸업식 날, 누구보다 일찍 교무실을 찾아온 선호가 봉투를 내밀었습니다.

"선생님, 제 마음이에요."

봉투 안에는 또박또박 쓴 편지 한 장이 들어 있습니다.

저에게 있어 고등학교 3학년은 재활의 시기였습니다. 1, 2학년 때 잃었던 공부의 흥미를 되찾고 의지를 가질 수 있었고, 1학년 때부터 쌓여왔던 고민으로부터 해방될 수 있었습니다. 그 과정에서 선생님께서 정말 많은 도움이 되어 주셔서 감사합니다. 저는 고액 컨설팅이나 심리 상담보다, 누구한테 마음 놓고 저의 처지에 대해 하소연하고 생각을 다 털어놓는 것이 필요했던 것 같습니다. 지난 1년 동안 선생님과 여러 번 상담하거나 일상 대화를 나누면서 마음속 짐을 하나씩 내려놓을 수 있었습니다.

여러 입시 컨설팅을 받아봤지만, 실질적으로 도움이 된 것은 선생님과 상담했던 내용들뿐이라 돈을 낭비한 것 같아 약간 후회됩니다. 선생님으로서는 학생들의 입시를 지도하는 것이 당연하게 느껴지셨을 수도 있겠지만 저는 이런저런 책이랑 자료를 가지고 상담해 주시는 것이 너무나도 감사했고 선생님께서 저를 생각해 주신다는 생각이 들어 많은 동기부여가 되었습니다.

아이의 편지를 읽으며 여러 생각이 들었습니다. 제가 사설 입시 컨설팅보다 더 뛰어나서 이런 편지를 받은 것이 아닙니다. 아이에게 정말 필요했던 것은 대단한 컨설팅이 아니라, 자신을 믿고 지지해 주는 사람이 있다는 든든함이었습니다. 그리고 제가 조금이라도 도움이 될 수 있었다면, 그것은 담임으로서 꾸준히 아이를 지켜보았기 때문일 것입니다. 현재 성적이 노력의 결과인지, 학생부에 담긴 활동이 진정성이 있는지, 논술이나 면접이 강점이 될 수 있는지 꾸준히 관찰했기에 구체적인 조언이 가능했습니다.

결국 아이를 가장 잘 아는 사람은 부모님과 아이 자신입니다. 입시 상담을 통해 정보는 얻을 수 있지만, 합격은 살 수 없습니다. 따라서 내 아이의 최고 컨설턴트는 부모와 아이 자신이라는 점을 잊지 않으셨으면 합니다. 수험생에게 가장 필요한 것은, 많은 정보보다 자신의 답답한 마음을 털어놓을 수 있는 든든한 지지자임을 늘 기억해 주시면 좋겠습니다.

# PART 3

# 대치동 상위권의 수능 · 내신 공략법

# 상위권 학생들이 시험을 준비하는 방법

고등학교 1학년은 국어 · 영어 · 수학 · 사회 · 과학 · 한국사를 기본으로 배웁니다. 2학년, 3학년이 되면 선택 과목에 따라 다르지만 6~8개 과목의 시험을 보게 됩니다. 절대평가였던 중학교와 달리 고등학교 성적은 상대평가이자 대학 입시와 직결되므로 부담이 훨씬 큽니다. 특히 고등학교 1학년 1학기 성적은 자신의 학업 위치를 가늠하는 중요한 지표가 됩니다. 첫 시험에서 좋은 결과를 얻지 못했더라도 이후 꾸준히 성적을 끌어올리는 학생들도 있지만, 첫 시험에서의 경험이 이후 학습 방향을 결정짓는 출발점이 되기 때문에, 고등학교 첫 시험은 매우 중요합니다.

상위권 학생들은 보통 약 4~6주간의 시험 준비 기간을 가집니다. 이 시간을 얼마나 자신의 성향에 맞게 사용하느냐가 성적을 좌우한다고 해도 과언이 아닙니다. 이런 '시험 준비 훈련'은 중학교 때부터 습관으로 길러두는 것이 좋습니다. 중학교 성적 자체는 특목고나 자사고를 준비하지 않는 한 대학 입시에서는 큰 의미를 갖지 않습니다. 그러나 수업 시간에 배운 내용을 시험 기간에 복습하고 시험 후, 부족한 부분을 찾아가는 과정은 고등학교에서 좋은 성적을 내기 위해 중학교 때부터 반드시 길러야 할 가장 중요한 습관입니다.

그렇다면 실제로 상위권 학생들은 어떻게 시험을 준비할까요?

많은 과목을 효율적으로 공부하려면 무엇보다 시간 관리가 핵심입니다. 공부 방법은 학생마다 다르지만, 최상위권 학생들에게서 공통으로 발견되는 습관이 있습니다. 바로 '플래너 작성'입니다. 조회 시간이나 쉬는 시간에 스스로 계획을 세우는 학생들을 어렵지 않게 볼 수 있습니다. 계획을 세우고 지키는 경험이야말로 공부 습관의 첫 단추이자 자기 주도 학습의 출발점입니다.

시험 준비를 시작할 때는 모든 교과서와 프린트를 정리하고, 필요하다면 과목별 문제집을 준비합니다. 계획표에는 자신 없는 과목부터 자신 있는 과목 순으로 적습니다. 또 날짜별로 사용할 수 있는 시간을 고려해 배치하되, 수요일과 일요일에는 최소 2시간 정도 여유 시간을 남겨두는 것이 좋습니다. 계획은 100% 지키기 어렵습니다. 70~80%만 달성해도 충분히 잘한 것이니, 이를 인정해야 다음 계획을 이어갈 힘이 생깁니다.

공부 순서는 보통 기본 실력이 중요한 수학·과학에 먼저 시간을 투자하고, 국어·영어·사회·한국사 등 암기 과목은 시험이 가까워질수록 비중을 늘립니다. 한 과목에 치우치지 않고 골고루 공부해야 하므로, 고등학교 공부를 시작할 때 계획 세우기는 선택이 아닌 필수입니다. 이 과정이 처음인 학생은 부모가 함께 계획을 세워주는 것이 필요합니다. 처음에는 부모가 하루 일정을 함께 점검해 주되, 점차 아이가 스스로 수정하고 조정하도록 도와주는 것이 좋습니다.

시험 4주 전에는 교과서 읽기와 프린트 복습으로 기본을 다지고, 3주 전에는 문제 풀이를 통해 부족한 개념은 무엇인지 파악하고 보완합니다. 2주 전부터는 본격적으로 암기를 시작합니다. 이러한 4주간의 체계적인 준비를 가능하게 하려면 평소 수업 전 예습 습관이 필수입니다. 단원의 목차를 살펴보고 핵심 내용을 미리 파악해 두는 것만으로도 수업 이해도가 달라집니다. 예습을 하며 이전에 배운 개념과 새로 배우는 내용을 비교·연결하는 습관을 들이면 지식이 오래 기억되고 더 깊이 있게 확장됩니다.

또 반드시 기억해야 할 점이 있습니다. 내신 공부에서 가장 기본은 학교 수업을 충실히 듣는 것입니다. 시험 문제는 결국 수업을 진행하는 교사가 출제합니다. 실제로 동료 교사들이 강조한 프린트는 보지 않고, 학원 교재만 붙들고 있는 학생들을 보며 안타까워하는 모습을 자주 보았습니다. 내신 성적은 학교 수업을 성실히 따라가는 것이 가장 빠르고 정확한 준비 방법입니다.

고등학교를 졸업하고 대학에 입학한다고 공부가 끝나는 것은 아닙니다. 오히려 본격적인 학습의 시작입니다. 내신 시험 준비 과정은 힘들지만, 주어진 시간을 관리하며 최선의 결과를 내기 위한 연습 자체가 앞으로 삶에 큰 자산이 됩니다. 첫 시험의 결과보다, 이 과정을 통해 자기 주도 학습 습관과 시간 관리 능력을 길러가고 있다는 점을 아이가 이해할 수 있도록 이야기해 주시면 좋을 것 같습니다.

# 결국
# 공부의 목적은 암기?

대학원 시절, 교육심리 교수님이 "결국 공부의 목적은 암기다."라고 말씀하신 적이 있습니다. 창의력 관련 논문을 쓰신 분이기에 그 말을 듣고 더 의아했지요.

'암기'의 사전적 의미는 '외워 잊지 아니함'입니다. 어릴 때부터 이해의 중요성에 대해 들어왔던 저에게 이 말은 그동안의 믿음과 상충하는 이야기였습니다. 그런데 교수님의 설명을 들으며 그 이유를 알 수 있었습니다. 답은 우리 뇌의 작동 방식에 있었습니다.

우리 뇌는 저장된 기억을 자유롭게 조합해 새로운 지식을 만들어 냅니다. 결국 장기기억 속에 잘 저장된 지식이 창의력과 문제 해결력의 원천이 되는 것입니다. 그제야 교수님의 말씀을 이해할 수 있었습니다. 가장 이해를 중시하는 과목인 수학조차도, 공식을 암기하지 않으면 문제를 풀어낼 수 없습니다.

그렇다면 이해는 필요 없는 것일까요?

그렇지 않습니다. 이해는 암기를 돕는 과정입니다. 이해 없이 외우는 것은 마치 인터넷에서 아무 파일이나 다운로드 폴더에 무작정 저장하는 것과 같습니다. 나중에 필요한 파일을 찾으려면 어디에 저장했는지 기억이 나지 않아 헤매게 되지요. 반면, 파일의 내용과 특성에 따라 폴더를 만들어 정리해 두면 필요한 순간에 쉽게 꺼낼 수 있습니다. 공부도 마찬가지입니다. 이해란, 지식을 분류하고 체계화하는 폴더 정리 과정입니다.

암기를 잘하는 학생들은 이해를 바탕으로 지식을 구조화합니다. 내용을 도표로 정리하거나 흐름을 시각화하며 머릿속에 질서 있는 지식 폴더를 만드는 것이죠. 이렇게 정리된 지식은 필요할 때 쉽게 꺼낼 수 있습니다.

예를 들어 영어 과목을 살펴봅시다. 내신을 포기하는 학생들이 가장 먼저 손을 놓는 과목이 영어입니다. 절대평가인 수능과의 차이가 크기도 하지만, 암기해야 할 양이 많기 때문입니다. 상위권 학생들은 전 지문 암기를 기본으로 하되, 단순히 외우기만 하는 것이 아니라 이해하며 암기합니다. 지문을 완벽히 이해하기 위해 단어의 의미를 파악하고 문법을 정리하고, 해석과 비교하며 독해를 완성한 뒤 암기에 들어갑니다. 이해의 과정을 거친 후에야 온전히 외워낼 수 있기 때문입니다.

그리고 암기한 내용을 잊을 즈음 다시 암기합니다. 교육심리학에서는 이를 '간격 효과'라고 하는데 우리 뇌는 생존을 위해 중요한 정보만 오래 기억하도록 설계되어 있습니다. 반복은 뇌에 '이건 중요한 정보야'라고 신호를 보내는 행위입니다. 그래서 상위권 아이들은 5회 독, 많게는 10회독 이상을 기본으로 합니다. 지루하지 않게 반복하는 자신만의 방식을 찾는 것이 관건입니다.

이 과정에서 지식을 꺼내는 연습도 중요합니다. 상위권 학생들이 칠판 앞에서 친구들과 토론하는 모습을 자주 볼 수 있습니다. 자신이 이해한 내용을 설명하며 모르는 부분이나 잘못된 부분을 찾아내는 것이지요. 이렇게 지식을 밖으로 꺼내고 다시 점검하는 과정이 진짜 암기의 완성입니다.

다음은 비슷한 효과를 얻는 방법입니다. 이 세 가지 모두 지루하지 않게 반복하는 나만의 암기법을 만드는 데 유용합니다.

- 키워드 공부법: 교과서에 있는 키워드를 적고 설명해 보기
- 백지 노트: 아무것도 없는 백지에 배운 내용을 다시 써 보기
- 핸드폰 음성 녹음: 암기할 내용을 녹음해 이동 중 반복 청취하기

물론 순간 암기력이 좋은 학생들도 있습니다. 시험 전날 벼락치기로 외워도 그럭저럭 성적이 나오는 경우이지요. 하지만 이런 방식으로 쌓은 지식은 장기기억으로 저장되지 않습니다. 암기량이 폭발적으로 늘어나는 고등학교에서 반드시 한계를 맞게 됩니다.

여기에서 한 가지 더 기억해야 할 점이 있습니다. **얼마나 알고 있느냐가, 얼마나 외울 수 있느냐를 결정한다는** 점입니다. 새로운 내용을 이해하고 암기하기 위해서는 이미 가지고 있는 지식이 연결 고리가 되어야 합니다. 따라서 지식이 많을수록 새로운 정보를 더 쉽게 기억할 수 있습니다. **결국 암기력은 단순한 기억력이 아니라 축적된 지식의 양과 구조의 힘입니다.** 처음에는 더디고 힘들더라도, 지식을 차근차근 쌓아가면 암기도 점점 쉬워집니다.

'공부의 끝은 암기'라는 말은 단순히 외우라는 뜻이 아닙니다. 이해를 바탕으로 지식을 구조화하고, 반복을 통해 장기기억으로 옮겨가는 것, 그것이 진짜 공부의 완성이라는 뜻입니다.

# 학원은 어느 과목까지 다녀야 하나요?

"고등학교 가니까 모든 과목을 학원에 다니겠대요."

올해 고등학교에 입학한 서진이 어머니의 하소연입니다. 공부 욕심이 많은 아이라 고등학교라는 새로운 환경에 불안한 마음이 앞섰던 것이지요. '고1 내신이 중요하다는데, 다녀야 하지 않을까?'라는 생각에 결국 수학, 영어, 사회, 과학까지 모두 학원을 등록했습니다. 수학과 영어는 이틀씩, 국어, 사회, 과학은 하루씩 그렇게 일주일은 학원 일정으로 빼곡하게 채워졌습니다. 그런데 그동안 숙제를 빠짐없이 해가던 서진이가 어느 날부터 학원 숙제를 하지 않았다는 연락이 오기 시작했습니다. 부모는 성실한 아이가 지쳐가는 모습을 보며 마음이 무겁습니다.

겨울방학을 앞두고 있던 어느 날, 아이들이 유명 대형 학원 겨울방학 수강 신청이 딱 종례하는 시간에 오픈한다며 빨리 끝내달라고 했습니다.

다들 핸드폰으로 수강 신청하느라 정신없는 와중에 저와 눈이 마주친 아이가 있었습니다. 우리 반 1등인 인성이는 수강 신청하지 않고 저처럼 그 상황을 바라보고 있더라고요. 순간 학기 초 상담할 때, 대형 학원에 다니지 않는다고 했던 것이 떠올랐습니다.

상위권 학생들과 그렇지 않은 학생의 가장 큰 차이는 학원에 다니는 방식에 있습니다. 상위권 학생들을 학원에 다니는 것이 아니라 이용하는 법을 압니다. 상위권 아이들은 시험 후 스스로 부족한 부분을 점검하고, 그 보완을 위해 학원을 선택합니다. 즉, 학원을 중심에 두지 않고 자신이 세운 공부 계획의 일부로 활용하는 것입니다.

교육부와 통계청 자료에 따르면 2024년 기준 우리나라 사교육 시장 규모는 약 29조 원에 달합니다. 전체 학생 기준 1인당 월평균 사교육비는 47만 4천 원, 사교육 참여 학생만 기준으로 보면 59만 2천 원입니다. 사교육 참여율은 무려 80%로, 5명 중 4명이 사교육을 받고 있습니다. 고소득층은 저소득층보다 약 3.7배 더 지출하며, 사교육비 지출이 가장 많은 학년은 고등학교 2학년으로 월평균 74만 5천 원을 사용합니다. 고등학교를 졸업시킨 부모들이 '대학 가면 돈이 덜 든다'라고 말하는 이유가 바로 여기에 있습니다.

이제 사교육은 옳고 그름의 문제가 아니라, 얼마나 현명하게 이용하느냐의 문제가 되었습니다. 남들이 다니니까, 불안하니까, 혹은 뒤처질까 봐 다니는 것이 아니라 '나에게 지금 필요한가?'를 기준으로 판단해야 합니다.

다음의 세 가지 기준으로 학원을 현명하게 이용해 보세요.

### 1) 숙제가 버겁다면 멈추세요

아이가 학원 숙제를 하기 힘들어한다면, 잠시 멈추고 과목을 줄여야 합니다. 숙제는 아이가 학원이 버거운지 아닌지를 알려 주는 가장 명확한 신호입니다. 간혹 '숙제를 안 해도 집에서 아무것도 안 하는 것보다 낫겠지'라는 생각으로 학원을 보낸다는 부모님도 계십니다. 그런데 그런 습관이 굳어지면 해야 할 일을 하지 않아도 괜찮다고 생각하는 아이로 키울 수 있습니다.

### 2) 복습 시간을 확보하세요

학원 수업 시간만큼 복습 시간도 확보되어야 합니다. 적어도 비율이 1 : 1은 되어야 합니다. 1주일에 8시간 학원 수업을 듣는다면, 배운 내용을 자기 것으로 만드는 시간 또한 8시간이 필요합니다.

### 3) 자료보다 '내 것 만들기'가 먼저입니다

요즘 학원들은 방대한 자료를 제공합니다. 하지만 너무 많은 자료는 오히려 공부량에 대한 부담감을 주고, 무엇에 집중해야 할지 혼란스럽게 만듭니다. 학원은 각자 맡은 과목에만 초점을 두기 때문에, 과목 간의 균형은 결국 스스로 맞추어야 합니다. 아무리 좋은 자료라도 내 것이 되지 않으면 아무 소용이 없습니다.

다른 문제는 학원에서 자료를 제공하니 수업 시간에 집중하지 않는 경우도 생깁니다. 내가 필기하지 않아도, 수업을 듣지 않아도 자료를 얻을 수 있다는 생각이 아이를 느슨하게 만듭니다. 시대는 바뀌었지만, '수업 전 미리 보기 – 수업 중 집중하기 – 수업 후 정리하기'라는 공부의 원칙은 변하지 않습니다. 이해한 것을 정리해 자기 것으로 만드는 습관이 필요합니다.

학원을 많이 다닌다고 꼭 성적이 오르지 않고, 적게 다닌다고 뒤처지는 것도 아닙니다. 대치동에서도 그렇습니다. 오히려 최상위권 학생일수록 학년이 오를수록 학원을 줄이고, 스스로 공부할 시간을 늘립니다. 가정 상황과 아이 성향에 따라 학원을 이용하는 것입니다.

불안한 마음을 내려놓고 아이의 성장은 학원 수가 아니라, 스스로 공부하는 시간의 양에서 결정된다는 것을 잊지 마세요.

# 인터넷 강의, 잘 사용하면 득, 잘못 사용하면 독

중학교 2학년 때, 영어와 수학을 배우기 위해 종합 학원에 다녔습니다. 영어는 성문 영문법, 수학은 정석을 배웠습니다. 학원에 다닌 지 한 달쯤 지나던 날, 아버지께서 학원을 그만 다니라고 하셨습니다. 그렇게 한 달 동안 다닌 영어 · 수학 종합 학원이 제 학창 시절 유일한 사교육이었습니다. 그래서 시골에서 자란 저에게 EBS 강의는 큰 도움이 되었습니다. 특히 국어 실력이 부족했는데, 지금 유웨이 교육평가연구소장으로 계시는 이만기 선생님의 강의를 들으며 많이 보완할 수 있었습니다.

요즘 아이들을 보면 참 부럽습니다. 마음만 먹으면 어디서든 1타 강사를 만날 수 있으니까요. 지방에서도 대치동 강의를 온라인으로 들을 수 있습니다. 실제로 대치동 아이 중 상당수도 인터넷 강의(이하 인강)를 듣습니다. 학원은 성적이 좋은 학생 위주로 운영되기 때문에, 중하위권은

갈 곳이 제한적이기 때문입니다. 아이들의 핸드폰을 보면 연예인 사진보다 1타 강사의 사진이 더 많이 붙어 있을 정도로 인강은 없어서는 안 될 필수 콘텐츠가 되었습니다.

제가 인강의 도움을 많이 받아서 아이들이 인강을 듣는 것에 대해 긍정적이지만, 의외로 성적이 오르는 학생이 생각보다 많지 않습니다. '좋은 강의를 온라인으로 쉽게 들을 수 있는데, 왜 성적이 오르지 않을까?' 한동안 제게는 큰 의문이었습니다. 그래서 직접 제 돈으로 아이들이 가장 많이 듣는 강사의 강의를 수강해 보고, 아이들을 관찰했습니다. 그리고 비로소 아이들의 성적이 왜 오르지 않는지 알게 되었습니다.

첫째는 진도 문제입니다.

인강 한 강좌를 끝까지 들어보면 깜짝 놀라실 겁니다. 30분에서 1시간 30분 분량의 강의가 40～50개 정도 있습니다. 1강의당 1시간씩만 계산해도 40～50시간이 필요합니다. 교재 문제를 풀고, 필기하며 모르는 부분을 반복 학습하면 그 시간은 배가 됩니다. 현장 강의는 학생들과 이야기도 나누고 이해했는지 확인도 하고, 문제도 풀게 하고 시험도 보니 모든 시간이 지식을 전달하는 시간은 아닙니다. 하지만 인터넷 강의는 오로지 지식 전달로만 이루어진 시간입니다. 이런 강의를 수학만 해도 수능 과목인 '대수', '미적분Ⅰ', '확률과 통계' 3개씩 들어야 합니다. 게다가 기본 개념 강좌, 수능 개념 강좌, 문제 풀이 강좌, 기출 문제 강좌는 따로 있습니다. 이런 강의가 다른 과목인 국어, 영어, 사회, 과학에도 있으니 엄청난 시간 투자가 필요한 것이지요.

3월 학기 초에 상담하면서 무엇으로 어떻게 공부하는지, 앞으로 계획은 어떻게 되는지 아이들의 이야기를 듣고 기록합니다. 그리고 2～3개월

후에, 계획대로 하고 있는지 진도는 얼마나 나갔는지 묻습니다. 그중 인강을 듣는 학생들은 생각보다 진도가 나가지 않았음을 확인할 때가 많습니다. 학원의 장점이자 단점은 내가 이해했든 이해하지 못했든, 진도는 나갑니다. 하지만 인터넷 강의는 그렇지 않습니다.

곰곰이 생각해 보니 EBS 강의가 저에게 효율적이었던 이유가 있었습니다. 당시 EBS 강의는 방송 시간과 수업 진도가 정해져 있었기 때문에 강의를 듣는 요일과 진도를 강제로 지킬 수 있었습니다. 따라서 학원처럼 정해진 요일과 시간에 인강을 듣도록 계획을 세우는 것이 필요합니다. 먼저 강의 목차를 뽑고, 얼마 만에 끝낼지 목표를 설정하세요. '두 강의씩, 일주일에 세 번(월 · 수 · 금) 듣기'처럼 구체적으로 계획합니다. 50개 강의를 들어야 하는 강좌라면 25일이 걸리고 일주일에 3번씩 4주를 하면, 한 달에 12번, 결국 약 두 달이 걸립니다. 이렇게 세부적으로 계산하고 계획을 세우도록 부모님이 도와주는 것이 중요합니다.

둘째는 순서 문제입니다.

인강을 보는 아이들을 관찰하면, 마치 텔레비전을 보는 듯한 자세로 수업에 임하는 경우가 많습니다. 인터넷 강의는 듣는 것만으로 절대 실력이 향상되지 않습니다. 인터넷 강의를 듣는 것 자체가 학습이라고 생각하면 안 됩니다. 쉽게 얻은 지식은 쉽게 잊습니다. 우리 뇌는 그렇게 설계되어 있습니다. 강의를 듣는 동안 손과 머리를 함께 사용하며 적극적으로 참여해야 배운 내용을 오래 기억할 수 있습니다. 인강은 적극적인 학습자가 아니면 공부한다는 만족감만 주고 학습은 일어나지 않을 수 있습니다. 강의식 수업에서 가장 똑똑해지는 사람은 강의자입니다.

효율적인 인강 활용을 위해 부모님과 아이가 함께 실천할 수 있는 5단계를 제안합니다.

① 교재 읽기: 강의를 듣기 전에 교재를 먼저 읽습니다. 이해가 잘 안 되는 부분, 새로운 개념을 점검합니다. 책으로 지식을 습득하는 능력이 먼저입니다.

② 강의 듣기: 교재를 읽고 난 후 강의를 듣습니다. 1.5~2배속 재생을 해도 괜찮습니다. 이미 이해한 부분은 빠르게 넘기고, 집중이 필요한 내용에만 주의를 기울입니다.

③ 문제 풀기 전 멈추기: 강의를 들은 후 문제 풀이 강의를 보기 전, 먼저 스스로 문제를 풀어 봅니다.

④ 풀이 비교와 정리: 스스로 푼 방법과 선생님의 풀이를 비교하고, 차이를 필기합니다. 수학처럼 여러 풀이법이 제시되면, 모두 자기 것으로 만드는 것이 중요합니다. 실전에서 어느 방법이 가장 유용할지 모르기 때문입니다. 때로는 내가 알고 있던 하나의 방법이 적용되기 어려운 문제가 나올 수 있습니다.

⑤ 유사 문제 반복 연습: 개념이 헷갈리면 다른 문제집에서 같은 유형을 찾아 강의 교재를 덮고 풉니다. 보통 인터넷 강의 교재는 강사의 자체 교재로 강의 내용을 들으면 배운 개념을 활용하여 해결할 수 있는 문제로 구성되어 잘 풀립니다. 그런데 막상 시험에 새로운 문제가 나오면 문제를 해결하지 못하는 것이지요. 실전에서 배운 개념을 활용할 수 있는지 확인해 봐야 합니다.

처음부터 이 5단계를 완벽하게 수행하는 학생은 거의 없습니다. 처음에 습관이 잡히도록 도움을 주어야 강의가 실력으로 이어집니다.

셋째는 수준 문제입니다.

아무리 좋은 강의라도 아이 수준에 맞지 않으면 효과가 없습니다. 처음부터 유명 강사의 강의를 듣게 하지 말고, OT나 맛보기 강의를 통해 이해도, 속도, 집중도를 확인하세요. 설명이 잘 이해가 되는지, 속도가 빠르지는 않은지, 지루하지는 않은지 등을 살펴봅니다. 또한 게시된 강좌 정보를 통해, 강의 분량, 강좌 특징을 살펴봅니다. 또 수강생 후기나 수험생 커뮤니티 게시판을 통해 강의에 대한 학생들의 평가도 참고합니다. 강의에 대해 파악이 되었다면 아이에 대해 파악해야 합니다. 개념 문제를 잘 해결한다면 어려운 문항을 다뤄주는 실전 강의를 들어야 합니다. 하지만, 아직 개념을 제대로 이해하지 않았다면 개념을 확실하게 잡고 가야 합니다. 보통 인강을 선택하면 한 선생님의 커리큘럼을 따라가는 것이 일반적입니다. 장기 레이스인 인강을 듣기 전에 반드시 아이에게 맞는 강의와 선생님을 찾는 노력을 기울여야 합니다.

빠르면 중학생 때, 더 빠르면 초등학생 때부터 인강을 시작합니다. 처음 인강을 시작할 때 계획을 세우는 법, 인강을 효율적으로 듣는 법, 자신에게 맞는 강의를 찾는 법을 반드시 알려 주어야 합니다. 스스로 학습하도록 유도하되, 처음 강의만큼은 부모가 점검하는 것이 좋습니다. 아이가 게임, SNS, 유튜브 등 유혹에 취약하다면, 아이와 상의하에 부모님과 함께 있는 시간에만 듣는 것도 고려해 봐야 합니다.

# 집에서 객관적으로 실력 점검하는 방법

초등학교 고학년이 되면 아이들이 이런 이야기를 하기 시작합니다.

"엄마, 하윤이는 중2 문제 푼대요. 엄마 근데 루트가 뭐예요?"

반마다 진도가 빠르다고 소문난 아이가 있습니다. "진도가 빠르다고 해서 꼭 실력이 좋다고 할 수는 없어."라고 말하지만, 아이 마음에 와닿는지 모르겠습니다. 여전히 아이들 사이에서는 빠른 진도를 나가고 내가 모르는 무언가를 아는 친구를 멋있게 생각하는 것 같습니다.

공교육 현장에서 아이들을 가르치는 처지에서 이 말을 쓰는 것이 쉽지 않지만, 현 입시 체제에서는 선행을 제대로만 할 수 있다면 분명 이로운 점이 있습니다. 고등학교 1학년부터는 실전이 시작됩니다. 같은 시간, 같은 노력을 들였을 때 미리 준비한 학생이 더 좋은 결과를 내는 것은 어쩔 수 없는 현실입니다. 물론 1학년 때 좋은 성적이 아니었지만, 학년이 올라가면서 성적이 올라가는 아이는 분명히 있습니다. 회복탄력성이 좋고,

자기 긍정성이 뛰어난 학생은 고등학교 3년만 해도 충분히 목표한 바를 이뤄냅니다. 하지만 그런 학생이 많지 않은 것 또한 불편하지만 인정해야 할 현실입니다.

그렇다고 무조건 선행을 권할 수는 없습니다. 기초가 탄탄하지 않은 상태에서 진도만 나가는 선행은 오히려 해가 됩니다. 우선 기차에 타기 전, 지금 여기는 어딘지, 내가 가야 할 목적지로 향하는 기차인지 확인을 해야 엉뚱한 곳에서 내리지 않습니다. 남들이 타길래 나도 기차에 탔는데, 도착하니 어딘지도 모르겠고 다시 돌아가려니 어디로 돌아가야 할지도 모르겠는 경우가 생기면 안 되겠지요. 그래서 실력 점검이 꼭 필요합니다.

학원 테스트가 있으니 실력 점검이 된다고 생각할 수 있지만, 학원 테스트는 학원 내에서 자체적으로 보는 시험입니다. 시험에서 신뢰도와 타당도는 객관적이고, 공정한 평가를 위해 매우 중요한 개념입니다. 타당도는 '시험이 측정하고자 하는 것을 얼마나 제대로 측정하고 있는가?'를 의미하고, 신뢰도는 '시험이 얼마나 일관된 결과를 내는가?'를 의미합니다. 학원에서 월말 평가, 단원 평가를 보고 나면 내 아이 성적과 같이 시험 본 학생의 수, 시험 본 학생의 평균, 최고 점수 정도가 문자로 안내됩니다. 학원 테스트만으로 무엇을 측정했는지 알 수 있나요? 얼마나 일관된 결과를 내는지 알고 있나요? 타당도와 신뢰도 면에서는 그다지 의미 있는 시험은 아닙니다. 우리 아이가 그 학원에 다니는 학생 중 어느 정도 위치인지, 아이가 학원 수업을 잘 따라가고 있는지 정도만 알 수 있습니다. 그러므로 아이의 실력을 객관화하는 것이 중요합니다. 그 방법을 알려드립니다. 꼭 해 보시면 좋겠습니다.

중학교 과정을 거의 마쳤다고 판단될 때, 고등학교 1학년 3월 학력평가 문제를 풀어 보면 좋습니다. 왜냐하면, 이 시험의 국 · 영 · 수 시험 범위가 중학교 교육과정의 전 범위이기 때문이죠. 고1 과정의 공부가 잘되어 있는지 확인하고 싶다면 고2, 3월 학력평가 문제를 활용하면 확인할 수 있습니다. 고2, 3월 학력평가 시험 범위는 고1 과정 전 범위이기 때문입니다. 이렇게 하면 선행 전에 '기초가 제대로 다져져 있는지' 객관적으로 확인할 수 있습니다.

〈**EBSi**(www.ebsi.co.kr)〉에 들어가면 **고1 학력평가 문제와 해설**을 내려받을 수 있습니다. 상단 탭에서 [고1] ▸ [모의고사] ▸ [사전 준비]를 누르면 과목별 문제지를 내려받을 수도 있습니다. 온라인에서 바로 시험을 볼 수 있지만, 가능하면 실제 시험처럼 프린트해 풀어 보는 것이 더 좋습니다. 학력평가 시험 시간과 같이 국어는 80분, 수학은 100분, 영어는 70분 시간을 맞추어 풉니다. 국어와 영어처럼 학년 위계가 적은 과목부터 시작하고, 선행이 되어 있다면 수학도 함께 보면 좋습니다.

**▍<EBSi>에서 모의고사 문제 내려 받기**

출처: EBSi 홈페이지

시험을 본 후에는 〈EBSi〉의 오답률 TOP 15를 확인하세요. 틀린 문제가 어려워서인지, 실수 때문인지 구분하는 과정이 중요합니다. '풀 서비스' 탭을 누르면 등급 컷도 확인할 수 있어 전국 단위에서 내 아이의 위치를 가늠할 수 있습니다. 만약 3등급(상위 23%) 이내에 들지 못한다면, 선행을 멈추고 부족한 부분을 먼저 보완해야 합니다.

수학을 예로 들어보면 고등학교 수학 시험은 2점, 3점, 4점 문항으로 구성되어 있습니다. 그런데 4점 문제를 단 한 문제도 풀지 못하는 학생이 적지 않습니다. 흔히 타고난 수학적 재능의 문제라고 생각할 수 있지만, 대부분 두 가지가 원인입니다.

첫째, 중학 수학이 완성이 되어 있지 않아서입니다. 진도를 나가느라 정작 현행인 중학 수학을 제대로 하지 못하고 오는 경우입니다. 중학 수학이 잘 되어 있지 않으면, 종합적인 사고를 요구하는 고등학교 심화 문제를 해결하는 데 문제가 생깁니다.

둘째, 어려운 문제를 해결해 본 경험이 적어 어려운 문제는 시도조차 하지 않는 경우입니다. 도전해 보고 실패해 보는 경험, 꾸준히 노력하다 보면 '나도 할 수 있네'라는 작은 성취감을 얻는 경험을 초 · 중등 때 해 보지 못하고 고등학교에 오면 어려운 문제는 쳐다보지도 않습니다. '난 못해'라는 생각이 이미 머리에 박혀있기 때문이지요. 이런 상태를 교육학에서는 '학습된 무기력'이라고 합니다.

드라마는 보고 싶고 내용은 궁금하나 시간이 없어서 유튜브를 통해 드라마의 핵심 부분만 본 적이 있었는데 재미있더군요. 그래서 여유 시간이 생겼을 때, 처음부터 정주행해서 보겠다고 작정하고 보면 재미가 없습니다. 주인공들의 대화 속 미묘한 흐름, 갈등을 풀어가는 과정이 긴장되고 흥미로워야 하는데 그렇지 않았습니다. 결과를 아니까요. 대치동에서 아이들이 가장 선행을 많이 하는 수학을 가르치면서, 교과서 수준의 기본 유형만 풀 수 있는데 선행했다고 말하는 학생을 많이 보았습니다. 그런 학생들이 가장 많이 하는 말은 "전에는 풀 수 있었는데 잊어버렸어요." 입니다. 이렇게 말하는 대부분의 학생은 개념 수업은 지루하고 재미없다고 잘 듣지 않으려 합니다. 그렇기에 아이들이 '교과서 수준의 수학 내용을 명확히 알고 있는가?' 하면 아는 것과 알지 못하는 것 중간 그 어느 지점에 있다고 할 수 있지요. 시험을 보면 너무 쉬운 문제를 틀려서 깜짝 놀랄 때가 많습니다. 하지만 심각한 것은 학생들이 제대로 알고 있지 않은데 알고 있다고 생각하는 것입니다. 내가 가지고 있는 지식이 완전하지 않음을 아는 단계가 되어야 아이는 공부를 제대로 하기 시작합니다. 시간이 걸리더라도 정주행해야 진짜 드라마의 즐거움을 느낄 수 있으며, 드라마 하이라이트를 보고 오는 것이 때로는 도움이 되는 것이 아니라 그 즐거움마저 앗아갈 수 있다는 것을 아셨으면 좋겠습니다. 아이의 현재 상황과 실력을 확인하고, 한 걸음, 한 걸음 내 아이에 맞춰 가야 좋은 결과를 낼 수 있습니다.

여기서 소개해 드린 방법을 사용할 때, **주의할 점**이 있습니다. 혹시 **1~2등급이 나오더라도 아이가 자만하지 않도록 하는 것**입니다. 이것은 고등학교 1학년 문제일 뿐입니다. 학년이 올라갈수록 문제는 당연히 어려워집니다. 지금의 상태를 칭찬하되 앞으로 열심히 해야 함을 꼭 아이에게 알려 줘야 합니다. 반대로 **점수가 낮게 나왔다면 절대 아이에게 부정적인 말을 하면 안 됩니다.** 채점하기 전에 여러 번 다짐해야 합니다. 이 점검의 목적이 아이의 현재 위치를 파악하여 앞으로의 방향을 계획하고 더 좋은 방향으로 나아가기 위함이지, 아이의 사기를 떨어뜨리거나 비난

하려는 것이 아님을 잊지 말아야 합니다. 이렇게 말 해보는건 어떨까요?

“고등학교 1학년 건데, 이 정도면 정말 잘했어. 이런 부분이 부족한 것 같은데, 우리 앞으로 이렇게 해 볼까?”

# 수행평가 잘 보는 아이는 3가지가 다릅니다

수행평가는 대부분 성취 평가입니다. 중간·기말고사처럼 순위를 매기지 않고, 일정 기준 이상이면 모두 같은 점수를 받습니다. 즉, 상대평가가 아니라 절대평가입니다. 그렇기에 누구나 조금만 신경 쓰면 좋은 점수를 받을 수 있는 구조입니다. 그런데도 많은 아이는 수행평가를 어렵다고 느낍니다. 수행평가를 잘 받는 아이들은 다음과 같은 공통점이 있습니다.

**첫 번째 특징은 평가 기준에 대한 이해입니다.**

대부분의 교과 선생님은 학기 초 오리엔테이션에 평가 계획을 안내합니다. 수행평가가 어느 정도 비율을 차지하는지, 어떤 방식으로 진행되는지 알려줍니다. 이때 꼼꼼히 기록해 두고, 미리 준비할 수 있는 부분은 차근차근 대비해야 합니다. 수행평가일이 다가오면 마감일, 형식, 분량 등이 다시 공지됩니다. 수행평가는 성취 기준에 도달했는지 확인하는 평가

인데, 그 기준을 모르면 좋은 성적을 기대하기 어렵습니다. 여러 차례 안내를 들었음에도 수행평가일을 잊거나 마감일을 지키지 못해 감점되는 사례가 많습니다.

두 번째 특징은 포트폴리오 관리 능력입니다.

수행평가를 잘하는 학생들은 과목별로 학습지를 체계적으로 관리합니다. 요즘 중 · 고등학교에서는 학습지를 활용한 수업이 많습니다. 따라서 학습지를 잘 챙겨야 수업에 참여하고 복습도 할 수 있습니다. 선생님은 수업 시간에 집중해서 잘 듣고 있는지, 문제를 해결할 수 있는지 학습지를 통해 확인합니다. 실제로 시험 문제도 수업 시간에 다룬 학습지에서 출제되는 경우가 많습니다. 학습지를 잘 보관하는 것은 내신을 공부하는 기본자세입니다. 사물함을 열었을 때 학습지와 교과서, 체육복이 뒤섞여 있다면 이미 관리가 무너진 상태입니다. 수행평가를 제출해야 할 때 뒤늦게 사물함을 열고, 학습지를 하나씩 찾기 시작하는 학생도 적지 않습니다. 수행평가를 잘 보는 학생들은 보통 학습지를 관리하기 위한 아코디언 파일을 가지고 있습니다. 이 파일은 여러 칸이 나뉘어 있는 파일로, 과목별로 학습지를 분류하여 보관하기 좋습니다. 작은 습관이지만, 이런 정리 습관이 학습 태도를 바꾸고 수행평가 결과에도 큰 차이를 만듭니다.

세 번째 특징은 글쓰기 능력입니다.

수행평가에서 글쓰기가 차지하는 비중은 점점 커지고 있습니다. 최근에는 공정성을 높이기 위해 모든 수행평가를 수업 중, 교사의 직접 관찰 아래에서만 실시하도록 바뀌었습니다. 가정에서 과제 작성, 외부 결과물 제출 등은 지양되고 있습니다. 수업 시간에 작성한 글은 세부능력 및 특기사항에 기재될 가능성이 크기 때문에, 자기 생각을 논리적으로 정리하고 표현하는 글쓰기 능력은 앞으로 더욱 중요해질 것입니다.

고교학점제를 적용받는 학년부터는 지필·수행평가 비중, 수행평가 영역명 등이 대학 제출 서류에 반영되도록 바뀌었습니다. 대학에서는 학교 수업이 평가와 연결하여 어떻게 이루어지고 학생이 얼마나 적극적으로 수행했는지 확인하고 싶어 합니다. 수행평가를 더 꼼꼼히 챙겨야 하는 이유입니다. 수행평가는 지필평가의 한계를 보완하기 위해 도입된 평가 방식입니다. 서술형, 논술형, 실험, 토론, 발표 등 다양한 방식으로 이뤄집니다. 앞으로 아이들이 살아갈 미래에 필요한 역량을 키우는 방법입니다. 평가 기준을 이해하고, 자료를 체계적으로 관리하며, 글쓰기로 자기 생각을 표현하는 연습이 필요합니다.

# 발표 준비, PPT보다 중요한 이것

요즘 아이들의 PPT 수준은 매우 높습니다. '미리캔버스'나 '캔바' 같은 프로그램을 사용하면 손쉽게 감각적인 디자인의 프레젠테이션을 만들 수 있습니다. 프로그램 사용법도 직관적이라 완성도 높은 결과물을 내기 어렵지 않습니다. 그래서 PPT 자체가 문제 되는 경우는 거의 없습니다.

문제는 내용입니다. 화려한 그릇보다 중요한 것은 그 안에 담긴 음식의 맛이죠. 보기엔 멋진 발표 자료라도, 정작 핵심 내용이 빈약하다면 칭찬은 PPT 디자인에만 머물고 맙니다. 반대로 내용이 탄탄하다면, 단순한 워드, 한글 문서로도 충분히 설득력 있는 발표를 할 수 있습니다.

물론 생각을 시각적으로 구조화하는 능력 또한 중요합니다. 하지만 발표의 본질은 무엇을 말할 것인가에 있습니다. 내용이 탄탄해야 청중의 이해와 공감이 따릅니다. 그러려면 먼저 정보를 정확히 찾고 분석할 수 있는 자료 조사 능력이 필요합니다.

### 1) 논문을 활용한 정보 검색

> 🔍 | RISS(학술연구정보서비스)
> https://www.riss.kr
> 전국 대학이 생산 · 보유하는 학술자료를 공동으로 이용할 수 있는 사이트입니다. 학위논문, 학술논문, 해외논문, 학술지 등을 볼 수 있으며, 인문학, 사회과학, 자연과학, 공학, 의약학, 농수해양, 예술, 체육, 교육 등 분야별 인기 학술자료도 쉽게 찾을 수 있습니다.
>
> 🔍 | DBpia(누리미디어)
> https://www.dbpia.co.kr
> 국내 우수 학술기관의 저널과 논문을 제공하는 사이트입니다. 특히 'DBpia AI 검색' 기능을 이용하면 관련 논문과 핵심 연구 방향을 추천받을 수 있어 학생들이 주제 탐구를 심화하기 좋습니다.

**RISS는 무료**이고, **DBpia는 유료**지만 **학교 도서관이나 지역 도서관에서 구독 중인 경우도 많으니 꼭 확인해 보세요**. 이 외에도 구글 학술검색, 네이버 학술 정보 등을 병행하면 일반적으로 검색한 정보보다 훨씬 신뢰도 높은 양질의 정보를 확보할 수 있습니다.

### 2) 통계 자료 활용

자료는 인터넷 검색만으로도 충분히 찾을 수 있습니다. 하지만 지금 우리 아이들에게 진짜 필요한 것은 배우는 내용에 호기심을 갖고 좋은 질문을 할 수 있는 능력입니다. 좋은 질문을 던질 수 있어야 좋은 탐구가 시작됩니다. 그렇다면 좋은 질문은 어떻게 만들 수 있을까요? 핵심은 주제에 대한 깊이 있는 이해입니다. 단순히 자료를 찾는 것을 넘어, **통계나 논문을 바탕으로 스스로 분석하고 해석**하는 훈련이 필요합니다. 이런 과정을 통해 의미 있는 질문을 던질 수 있게 됩니다.

Q | 통그라미

https://tong.kostat.go.kr

초 · 중 · 고등생을 위한 실용 통계교육 사이트입니다. 직접 설문을 만들고 결과를 분석할 수 있으며, '전국 학생 통계 활용 대회'의 수상작을 통해 통계를 어떻게 활용하고 통계 포스터를 어떻게 작성하면 되는지 배울 수 있습니다. 통계학이나 데이터 사이언스 관련 진로를 준비하는 학생에게는 필수 사이트입니다.

Q | 국가통계포털

https://kosis.kr

학생들이 탐구 활동을 할 때, 설문지부터 만드는 경우가 있습니다. 설문지를 통한 탐구 활동이 의미가 있으려면 설문 문항이 잘 만들어져야 합니다. 그래야 목적에 부합한 탐구를 할 수 있습니다. 잘못된 설문 문항으로 설문 조사를 하고 데이터를 분석하면 유의미한 탐구 결과를 얻기 어렵습니다. 설문 조사를 무작정 진행하기보다는, 공인된 기관의 검증된 통계 자료를 분석, 활용해 보는 것도 좋은 방법입니다. 신뢰도 높은 데이터를 활용함으로써 탐구의 신뢰도를 높일 수 있으며, 데이터 해석 능력을 기를 수 있습니다.

이러한 역량은 중학교 수행평가 준비 과정에서부터 길러질 수 있습니다. 부모님이 도와줄 수 있는 가장 좋은 방법은 아이가 단순히 자료를 찾는 것에서 멈추지 않고 왜 이런 결과가 나왔는지 스스로 묻도록 이끌어 주는 것입니다. 그때 비로소, PPT보다 중요한 생각의 깊이가 완성됩니다.

# 성적표와 시험지는 최고의 피드백

평가는 대부분의 학생에게 스트레스입니다. 아이가 가장 불안하고 흔들릴 때가 바로 시험 기간입니다. 이 시기에 부모와 가장 많이 부딪히는 이유도 여기에 있습니다. 고등학교 1, 2학년은 4번의 모의고사, 3학년은 6번의 모의고사를 치루고 교과전형, 학생부 종합전형을 위해 3학년 1학기까지 총 10번의 내신 시험을 봅니다. 고등학교 생활은 평가의 연속입니다.

성적이 향상된 아이들이 공통으로 말하는 것이 있습니다. 좋은 공부법은 계속해서 다듬어지고 발전하는 과정을 통해 완성된다는 것입니다. 처음부터 완벽한 공부법을 알고 실행하는 학생은 없습니다. 결국 스스로 자신에게 맞는 방법을 발견하고, 시행착오를 통해 보완해야 합니다. 이때 평가는 실력을 점검하고, 부족한 부분을 찾아내는 가장 객관적인 피드백이 됩니다.

내신에서 꾸준히 좋은 성적을 내는 학생들은 시험 결과를 지표로 활용합니다. 시험이 끝나면 과목별로 잘한 점과 미흡한 점이 성적표에 여실히 드러나게 됩니다. 이 결과를 분석하고, 다음 시험의 공부 전략에 반영합니다. 이렇게 평가를 활용하는 학생은 시험이 거듭될수록 안정된 성장을 보입니다.

누구나 항상 만족하는 점수를 받는 것은 아닙니다. 아이는 시험을 한 번 망치게 되면 두려움을 갖게 됩니다.

"기말고사에서 만회할 수 있을까?"

"여기서 또 못 보면 어쩌지?"

이런 생각이 쌓이면서 자신감을 잃게 됩니다. 그 두려움을 이겨낼 수 있도록 돕는 것이 부모의 역할입니다. 누구보다 아이를 믿고 '할 수 있다'라는 말을 자주 해 주는 지지자가 되어 주어야 합니다. 부족한 점을 보완해서 다시 노력한다면 충분히 만회할 수 있다는 격려, 최선을 다하는 태도의 중요성을 알려 주는 것이 아이에게 큰 도움이 됩니다. 중간고사 성적은 기말고사에 만회할 수 있고, 1학기 성적은 2학기 때 만회할 수 있다는 생각을 가질 수 있도록 하는 것이 중요합니다. 결과를 비난하기보다, 다음 시험에서 더 나은 결과를 만들기 위해 무엇을 어떻게 바꿀지 이야기해 보아야 합니다.

윤이는 유난히 시험에서 실수가 잦았습니다. 평소 실력보다 시험 결과가 좋지 않아 늘 속상했습니다. 부모님과 함께 시험지를 살펴보던 중, 원인을 발견했습니다. 문제는 단순했습니다. 답안지에 표시하는 과정에서 실수가 반복된 것이었습니다. 번호 옆에 'V 표시'를 크게 해 두다 보니,

급히 옮겨 적을 때 번호를 잘못 보는 경우가 종종 발생했던 것입니다. 작은 실수지만, 반복되니 아이는 시험에서 똑같은 실수를 하지 않을까 하는 불안이 생겼습니다. 그래서 이후 시간이 걸리더라도 답을 숫자로 명확히 적는 연습을 했습니다. 그 뒤로 윤이의 성적은 놀라울 정도로 좋아졌습니다. 작은 실수를 줄임으로써 시험에 대한 자신감을 찾은 사례입니다.

(단위: 등급, 등수)

| 구분 | 국어 | 수학 | 영어 | 탐구1 | 탐구2 | 교내 등수<br>(표준점수 합 기준) |
|---|---|---|---|---|---|---|
| 3월 학력평가 | 1 | 1 | 2 | 2 | 2 | 44 |
| 4월 학력평가 | 1 | 2 | 1 | 3 | 1 | 72 |
| 6월 모의평가 | 2 | 1 | 1 | 1 | 1 | 19 |
| 7월 학력평가 | 1 | 1 | 1 | 1 | 1 | 41 |
| 9월 모의평가 | 3 | 1 | 1 | 2 | 2 | 62 |
| 10월 학력평가 | 1 | 1 | 1 | 1 | 1 | 19 |

위의 표는 현수의 3학년 모의고사 성적입니다. 강남 일반고 상위권 학생의 전형적인 점수 분포입니다. 정시로 대학에 간다는 것은 이런 학생들과의 경쟁임을 잊지 말아야 합니다. 또 하나 관찰할 수 있는 것은 들쑥날쑥한 등수입니다. 성적이 좋은 학교일수록 학력 · 모의 평가 1등은 매번 바뀝니다. 현수의 등수 역시 19등에서 72등까지 오르내린 것을 볼 수 있습니다. 점수가 좋다고 자만하거나, 한 번의 하락에 좌절하는 것은 아무런 도움이 되지 않습니다.

현수는 수능에서 대박이 났습니다. 탐구 한 과목을 제외한 모든 영역에서 1등급을 받았으며 높은 표준점수로 전교 5등 안에 들어 원하는 대학에 합격했습니다.

현수의 비결은 단순했습니다. 모의고사가 끝나면 이틀 내에 오답 정리를 하고 원인을 분석했습니다. 부족한 부분을 정확히 짚어 다음 시험의 전략으로 바꾸었습니다. 그 꾸준한 피드백의 누적이 결국 수능 대박으로 이어진 것입니다.

가끔 성적표 배부일이면 구겨진 성적표가 쓰레기통에 버려져 있는 것을 봅니다. 아이의 이름과 함께 구겨진 성적표를 보면 마음이 아픕니다. 성적표를 버릴 때 아이의 마음도 함께 구겨졌을지도 모른다는 생각이 들기 때문입니다. 하지만 그보다 더 안타까운 것은, 그 성적표와 함께 '다음으로 나아갈 방향'마저 버려졌다는 사실입니다.

현수의 성적 기록을 봐도 알 수 있지만 아이들은 누구나 오르내림을 겪습니다. 정시는 특히 어떠한 결과가 나올지 예측하기 어렵습니다. 그러니 결과에 집착하지 말고 긍정적인 마음으로 다음 시험을 준비하는 태도를 길러주어야 합니다. 성적표를 받으면 등급만 보지 말고 아이 시험지를 함께 펼쳐 보세요.

"이번엔 어떤 부분이 어려웠어?"

"다음엔 어떤 방법을 해 볼까?"

이렇게 보완할 부분에 관해 이야기해 보세요. 아이의 이야기를 들어주는 것에서 시작해야 합니다.

PART 4

# 앞으로 피할 수 없는 대학별 고사 준비 전략

LESSON 1

# 면접

## 면접위원의 특급 비밀: 면접 문항 이렇게 만듭니다

면접은 단순히 '말하는 능력을 평가하는 시험'이 아닙니다. 대학이 알고 싶은 것은 '이 학생이 어떤 사람인가, 그리고 얼마나 깊이 있는 사고를 할 수 있는가?'입니다. 다시 말해, 말의 유창함보다 생각의 깊이와 태도의 진정성이 본질입니다.

면접은 크게 두 종류로 나뉩니다. 제시문 기반 면접과 학생부 기반 면접입니다.

### 1) 제시문 기반 면접

제시문 기반 면접은 제시문을 바탕으로 전공 적성과 학업 역량을 평가합니다. 핵심은 제시문을 얼마나 정확히 이해하고 논리적으로 문제를 해결했는가입니다.

인문 계열은 인문학이나 사회과학 관련 제시문을, 자연 계열은 수학 ·

과학 제시문을 주로 다룹니다. 자유전공의 경우 인문과 자연 중 선택이 가능하기도 합니다.

제시문 기반 면접은 출제 과목의 기본 역량에 크게 영향을 받습니다. 대학 입학처 홈페이지에서 기출 문제를 확인하는 것이 가장 중요합니다. 같은 문제가 출제되는 경우는 거의 없으므로, 문제 유형과 논리 구조를 파악하는 데 초점을 두고 살펴봐야 합니다. 많은 학생이 불안감에 '면접 파이널 특강'을 듣습니다. 하지만 시험 후 학생들의 후기를 보면 특강이 실질적으로 큰 도움이 되지 않았다는 이야기가 많습니다. 자신이 공부했던 교재를 개념 위주로 다시 한번 더 꼼꼼히 보면서 정리하는 것이 더 효율적이었다는 선배들의 이야기를 잘 새겨들으면 좋겠습니다.

### 2) 학생부 기반 면접

학생부 기반 면접은 학생의 서류를 바탕으로 진실성과 학업 소양을 평가합니다. 입학사정관은 면접 전에 학생의 서류를 꼼꼼히 검토하고, 그 내용을 기반으로 질문을 미리 준비합니다. 면접실에서 만나는 학생이 생각했던 모습이기도 하고, 때로는 다른 모습이기도 하지요. 면접관은 면접에서 무엇을 확인하고 싶을까요?

첫째는 서류의 진실 여부입니다. 면접관은 학생이 직접 탐구한 내용이 맞는지, 어느 수준까지 고민했는지를 알고 싶어 합니다. 그리고 서류에 서술된 내용이 학생이 한 활동이 맞는지 확인하고 싶어 합니다. 자사고 자기 주도 전형 면접 위원으로 참여했을 때, 한 선생님께서 "면접은 숨기려는 자와 밝혀내려는 자의 싸움이다."라고 하신 말씀이 기억에 남습니다.

따라서 면접관은 탐구 과정, 탐구 방법, 결론에 대한 학생의 생각과 그렇게 생각하는 이유를 구체적으로 묻습니다. 이런 질문에 대비하려면 학생부에 기록된 발표 · 토론 · 탐구 활동을 동기 → 과정 → 결과 → 느낀 점의 구조로 정리해야 합니다. 또한 교과에서 배운 개념을 자신의 언어로 설명할 수 있도록 정리하는 것이 좋습니다. 그리고 기출 문제를 보면서 본인 학생부에 대입하여 자신만의 문제를 만들어 보아야 합니다.

**[예시 질문]**

- ~에 관해 발표했는데, 그렇게 생각한 이유는 무엇인가요?
- 이 활동을 통해 우리 사회가 어떻게 변화할 수 있다고 생각하나요?

**둘째는 서류를 평가하면서 가졌던 의문점에 대해 질문할 수 있습니다.** 예를 들어 정보통신공학과 지원자가 정보통신공학과 관련이 깊은 '확률과 통계'를 수강하지 않고 '심화 수학'을 이수했다면 그 이유가 궁금해질 것입니다. '세부능력 및 특기사항'에도 진로에 대한 고민, 수학적 역량을 심화하려는 노력이 보이지 않는다면, 면접에서 직접 학생의 생각을 물어보게 됩니다.

**[예시 질문]**

- 그 과목을 선택한 이유와, 이수 과정에서 어떤 것을 배울 수 있었는지 설명해 주세요.

**셋째는 얼마나 입학하려는 학교와 전공에 진심인지 봅니다.** 면접관은 '이 학생이 정말 이 전공을 공부하고 싶은가?'를 확인하고 싶어 합니다. 지원 전에 학교 홈페이지를 방문해 학교 특색사업, 전공 핵심 커리큘럼, 관련 동아리 등을 미리 알아두세요. 기본 질문인 학업 계획에 관한 질문에 그 정보를 엮어 말한다면 학교와 전공에 대한 진정성을 보여줄 수 있습니다.

제시문 기반 면접은 전공 적성과 학업 역량을, 학생부 기반 면접은 서류의 진실성과 학업 태도를 평가합니다. 두 면접 모두 핵심은 진정성입니다. 대학이 알고 싶은 것은 얼마나 말을 유창하게 하는가가 아니라, 그 말 속에 담긴 생각의 깊이와 진심입니다. 외운 답을 말하기보다 자기 경험을 본인의 언어로 설명할 수 있어야 합니다.

LESSON 1

# 면접

## 이렇게 말하면 면접은 성공합니다

"학생, 이제 말할 수 있겠어요?"

입실하자마자 눈물을 흘리며 아무 말도 못 하는 학생을 보면 면접관들도 진땀을 뺍니다. 결국 5분간 한마디도 하지 못하고 면접이 끝납니다.

면접자 "잠깐 생각할 시간을 주시겠습니까?"

면접관 "네. 편하게 생각나면 대답하세요."

면접관 "생각이 안 나면 두 번째 질문으로 넘어가겠습니다. 학교에서 토론 동아리 활동을 했다고 했는데, 본인의 역할이 무엇이었고, 그 과정에서 성장한 점은 무엇인가요?"

면접자 "생각할 시간을 주시겠습니까?"

면접관 "네. 알겠습니다."

면접관 "시간이 다 되었습니다. 수고 많았습니다."

자사고나 외고 면접위원으로 참여하다 보면 정말 다양한 학생을 만나게 됩니다. 준비한 답변을 막힘없이 말하는 학생, 질문과 무관하게 외운 내용을 그대로 읊는 학생, 눈물만 흘리다 나가는 학생, 태도는 좋지만 내용이 빈약한 학생 등 그 모습은 참으로 다양합니다. 이렇듯 면접장에서는 긴장도와 준비 정도의 차이가 그대로 드러납니다.

면접을 준비할 때 반드시 주의해야 할 점은 다음과 같습니다.

**첫째, 자신의 학생부를 완벽히 숙지해야 합니다.**

학생부 기반 면접에서는 어디에서 질문이 나올지 알 수 없습니다. 특히 1단계 서류, 2단계 면접으로 선발하는 학교는 세세한 부분까지 물을 수 있습니다. 본인이 탐구했던 활동뿐만 아니라 수업 시간에 친구들과 함께한 공동 활동까지 사소해 보이는 내용도 면접 질문이 될 수 있습니다.

면접 프로그램을 하다 보면 "기억이 잘 안 나요."라고 말하는 학생이 많습니다. 면접 전 학생부의 내용을 꼼꼼히 보고 잘 준비하는 것이 최우선이겠지만, 면접장에서 정말 기억이 안 난다면 가장 관련성이 있는 다른 활동을 찾아 연결 지어라도 대답해야 합니다. 아무 말도 하지 않으면 아무것도 평가할 수 없습니다.

**둘째, 면접관의 질문을 끝까지 들어야 합니다.**

예를 들어 "학생부에 언론은 신뢰성과 책임감을 갖춰야 한다고 했는데, 이를 향상시킬 수 있는 방안은 무엇인가요?"라는 질문이 주어졌다고 합시다. 면접관은 학생이 자신이 탐구한 내용을 '확장'하여 생각할 수 있는지, 즉 사고력과 순발력을 평가하려는 것입니다. 하지만 많은 학생들은 질문을 다 듣지 않고 "제가 생각하는 언론이란…."이라고 말하면서 자신이 준비한 탐구 내용만을 말해 버립니다. 면접은 우선 잘 들어야 합니다. 질문의 핵심이 무엇인지 파악해야 합니다. 자신의 학생부를 바탕으로 질문을 예상하고, 키워드 중심으로 답변을 구성하는 연습이 필요합니다. 답변을 문장으로 만들고 외워서 답하려고 하면 외운 답을 기억해 내려는 데 집중해 면접관의 질문을 잘 듣지 못합니다.

### 셋째, 묻는 것에 먼저 답해야 합니다.

즉, 두괄식으로 말해야 합니다. 면접관은 질문을 하고 학생이 질문에 맞는 답변을 하는지 판단하기 위해 기다리고 있습니다. 앞의 말이 길어지면, 학생이 질문의 핵심을 파악하지 못했다고 생각할 수 있습니다. 면접관은 나 하나만 평가하는 것이 아닙니다. 면접은 학생도 긴장되는 상황이지만, 면접관도 학생의 언어, 비언어 요소 모두를 평가하기 위해 고도의 집중력을 발휘하고 있습니다. 그런 면접관에게 묻는 것에 정확한 답을 말해야 좋은 점수를 받을 수 있습니다. 앞의 질문이라면 “언론이 신뢰성과 책임감을 향상시킬 수 있는 방법은…”으로 말을 시작하는 것이 좋습니다. 이후 자신이 탐구한 내용이나 경험을 덧붙이면 금상첨화입니다.

“선생님! 전 내향형이라 면접이 너무 힘들어요. 서류 전형만 쓸게요.”

이런 말을 자주 듣습니다. 면접이 두려운 것은 너무나 자연스러운 일입니다. 처음 보는 사람 앞에서 질문에 답해야 하는 상황은 누구에게나 손에 땀을 쥐게 합니다. 그러나 면접은 피해야 할 일이 아니라, 기회로 볼 수 있습니다. 면접이 없는 서류형 전형은 역전의 여지가 거의 없습니다. 반면 면접은 표현력과 태도로 얼마든지 차이를 만들 수 있습니다. 처음엔 긴장되더라도 시도하는 경험 자체가 성장으로 이어집니다.

면접 지도를 하다 보면 처음부터 긴장하지 않고 잘하는 학생들이 있습니다.

"제가 중학생 때 OO고 면접을 봤는데 떨어졌어요. 그때 해봤어요."

이처럼 경험은 다음 단계를 가볍게 만듭니다. 지속된 도전은 성공 확률을 높입니다. 부모는 아이가 면접에 도전할 수 있도록 격려해 주세요. 혹시 결과가 좋지 않더라도 아이가 살아가는 데 큰 자산이 될 것입니다. 면접 영상 촬영을 통해 아이의 말하기 습관, 시선, 표정을 함께 점검해 보는 것이 좋습니다. 결국 면접 준비는 자신을 객관적으로 이해하는 연습이자 성장의 과정입니다.

LESSON 1

# 면접

## 역량 평가 면접, 심층(탐침) 질문 들어 보셨나요?

이제는 무엇을 아느냐보다, 어떻게 사고하고 문제를 해결하는가가 평가의 중심이 되는 시대입니다. 대학 또한 학생의 지식이 아닌, 사고력과 문제해결 능력을 평가하기 위해 면접을 설계합니다. 서울대는 2024년 1월, '2028 대입 전형 개편을 위한 대입 정책 포럼'을 통해 심층 역량 평가 도입 계획을 발표했습니다.

서울대 심층 역량 평가의 면접 유형은 크게 세 가지입니다.

### 1) 창의적 문제해결 면접

현실적 문제 상황을 제시하고, 배운 지식을 활용해 창의적 · 효과적 해결 과정을 보여주는 유형입니다. 종합적 사고, 지식 탐구, 의사소통 능력까지 평가합니다.

예를 들어 '생수를 구매할 때 편의점, 대형 마트, 창고형 마트에 대한 가격과 거리 정보를 줍니다. 가격은 편의점이 가장 비싸고, 창고형 마트가 가장 저렴합니다. 그리고 거리는 반대로 편의점이 가깝고, 창고형 마트가 가장 멉니다. 그럴 때, 어디서 구매하는 것이 가장 좋을까?'를 가치소비(소비자 본인이 지향하는 가치관에 따라 정보를 찾고 제품을 구매하는 소비 방식)의 관점에서 판단하도록 묻습니다. 정답이 정해져 있지 않고, 학생의 사고 과정과 판단 기준이 평가의 핵심이 됩니다.

### 2) 융합적 과제 수행 면접

다양한 학문과 자료를 융합해 프로젝트 성격의 과제를 해결하는 과정에서, 종합적 사고와 공동체 역량을 평가합니다.

예를 들어 '비정규직 노동자의 건강 불평등'에 대한 주제로 연구하고자 할 때, 내가 주장하고 싶은 것, 연구의 목적과 필요성, 주장을 규명하기 위한 자료수집 전략, 데이터를 어떻게 분석할 것인지, 결과가 가설과 맞을 때와 틀릴 때의 예상 결과를 표현하기, 예상되는 연구 결과를 통해 새로운 보건 정책 제안까지 구상하도록 요구할 수 있습니다.

### 3) 분석적 주제 토론 면접

논쟁적 주제에 대해 자신의 의견을 논리적으로 설명하고, 타인의 의견에 비판적으로 접근하는 토론 과정을 통해 종합적 사고와 의사소통을 평가합니다.

예를 들어 '짧은 면접 시간으로 사람의 능력을 타당하게 평가할 수 없다'라는 주장에 대해 자신의 의견을 논하고, 면접이 여전히 활용되는 이유와 면접 없이 인재를 선발할 수 있는지에 대한 의견을 물을 수 있습니다.

### 탐침 질문

서울대 2028학년도 개편 입학전형에서 주목받는 것이 바로 탐침 질문입니다. 탐침(探針)은 찾을 탐, 바늘 침으로 지뢰를 확인하듯, 학생의 사고 과정과 문제해결 논리, 개념 활용 능력을 깊이 탐색하기 위해 던지는 후속 질문입니다. 보통 '꼬리 질문'이라고 부릅니다. 위 세 유형의 면접 문항 같은 열린 문제에 대해 학생의 답변을 듣고, 면접관이 추가로 심층 질문을 던지는 방식입니다.

대표적인 탐침 질문 예시는 다음과 같습니다.

"왜 그렇게 생각하나요?"

"이 문제를 다른 관점에서 보면 어떻게 해결할 수 있을까요?"

"참고할 수 있는 다른 자료나 개념이 있나요?"

"만약 상황을 다르게 해석한다면, 규칙을 어떻게 설명할 수 있을까요?"

설명 요구, 조건 및 상황 변경, 목표 변형, 오류 발견 유도, 일반화, 현실 적용, 경험 질문 등 다양한 방식으로 학생의 사고를 한층 깊게 탐색할 수 있습니다. 탐침 질문은 단순히 정답을 찾도록 하는 것이 아니라, 학생이 자기 생각과 경험을 더 고민하여 설명하도록 유도하는 장치입니다.

대학은 이제 지식을 묻는 면접이 아니라, 사고력과 문제해결 역량을 묻는 면접을 설계하고 있습니다. 창의적 문제해결 면접, 융합적 과제 수행 면접, 분석적 주제 토론 면접의 공통점은 명확한 답이 없다는 점입니다. 학생마다 다양한 답변이 나올 것이고, 면접관은 그 과정에서 사고의 깊이와 문제해결 과정을 평가합니다.

이러한 탐침 질문의 시대에서, 가정에서도 부모가 좋은 질문으로 아이의 사고를 유도하는 역할이 중요합니다. 탐침 질문이 사고를 깊게 만드는 것처럼, 부모의 질문력은 아이의 사고력을 길러주는 도구가 됩니다. 탐침 질문은 우리가 일상에서 아이의 사고 확장을 위해 아이에게 던질 수 있는 질문의 모델입니다. 실생활 속에서 생각을 여는 질문을 꾸준히 던져 주세요. 이것이 바로 변화하는 입시 환경 속에서 아이를 준비시키는 핵심 방법입니다.

LESSON 2

# 논술

## 논술 실력의 바탕이 되는 이것

윤호는 학생부 종합전형을 준비했던 학생입니다. 3학년 1학기를 지나며 내신 성적이 목표 대학에 다소 부족하다는 것을 깨달았습니다. 3학년 여름 방학부터 관심 있는 대학의 논술 기출 문제를 풀어 보며, 학생부 종합전형과 논술 전형을 병행해 준비했습니다. 짧은 기간임에도 윤호가 논술 전형에 합격할 수 있었던 이유는 중간, 기말고사 수학 서술형 평가에서 확인할 수 있습니다. 윤호의 풀이 과정은 깔끔하고 명확했습니다.

수학 모의고사 성적과 별개로, 풀이 과정을 논리적으로 서술하는 능력은 또 다른 역량입니다. 수리논술은 단순히 정답을 맞히는 시험이 아니라, 문제를 어떻게 해결해 나가는지를 평가합니다. 따라서 평소 문제를 풀 때 풀이 과정을 정리하며 푸는 습관을 들여야 합니다. 특히 정기 고사에서 서술형 문제를 시간 내에 명확하게 서술하는 연습이 중요합니다. 감점 요인을 꼼꼼히 점검하되, 수학 기호를 명확하게 사용하고 문제 해결 과정에서의 사고 흐름을 단계별로 정확하게 서술해야 합니다.

수능형 공부에 익숙한 학생들은 풀이 과정을 생략하거나 기호를 자신만의 방식으로 간략히 쓰는 경우가 많습니다. 그러나 논술을 대비한다면 평소에도 표준화된 기호와 논리적 서술을 훈련해야 합니다. 시험 시간은 한정되어 있습니다. 그러므로 불필요하게 장황하게 쓰지 않으면서도 핵심 논리를 명확히 표현하는 능력이 필요합니다. 기출 문제의 예시 답안을 분석하며, 어떤 부분을 서술하고 어떤 부분을 생략할지 판단하는 연습을 꾸준히 해야 합니다. 또한 답이 완벽히 떠오르지 않더라도 포기하지 말고, 끝까지 풀이 과정을 작성해 부분 점수를 확보하는 태도가 필요합니다.

언어 논술은 국어, 사회 교과군에서 주로 출제됩니다. 국어, 독서, 화법과 작문, 언어와 매체, 생활과 윤리, 통합사회, 사회 · 문화, 경제, 정치와 법, 한국사 등의 교과서에서 제시문이나 문항이 발췌되는 경우가 많습니다. 따라서 평소 국어와 사회 과목에서 배우는 개념을 충실히 이해하고, 관련 도서를 통해 사고를 확장하는 과정이 곧 논술 준비의 핵심입니다.

언어논술에서 좋은 결과를 내는 학생들의 공통점은 국어와 사회 과목의 성취도가 높다는 점입니다. 반대로 이 과목 성적이 낮은 학생은 논술 대비에 시간을 투자하기보다 먼저 교과 내용을 탄탄히 다지는 것이 효율적입니다.

언어논술의 출발점은 주제와 키워드입니다. 주제를 잘 반영하는 핵심어를 찾아내는 능력이 곧 논술의 성패를 좌우합니다. 이를 위해서는 글의 핵심을 정확히 읽고, 자신의 언어로 재구성하는 힘이 필요합니다. 단순히 지문을 요약하는 수준이 아니라, 논리 구조를 파악하고 문장을 압축하며, 어휘력을 기반으로 새로운 문장을 구성하는 능력이 중요합니다. 이런 능력은 고등학교 3학년 때 논술 학원에 다닌다고 만들 수 있는 능력이 아닙니다. 평소 다양한 글을 읽고 글의 흐름을 요약해 보는 훈련이 큰 도움이 됩니다. 또한 추상적인 표현보다는 구체적인 사례를 들어 논지를 전개해야 설득력을 높일 수 있습니다. 논술 역시 두괄식으로 논지를 제시하는 글이 높은 평가를 받습니다.

논술은 다른 입시 전형에 비해 운이 많이 작용하는 것처럼 보이지만, 사실 꾸준히 쌓아온 교과 기반의 실력과 사고력이 결과를 좌우합니다. 평소 교과 공부에 충실하고, 정확한 기호를 사용하며 풀이 과정을 명확히 정리하고, 글을 읽은 후 핵심 파악 및 요약하는 연습이 필요합니다.

LESSON 2

# 논술

## 논술을 준비한다면 기억해야 할 3가지

논술은 내신과 수능 성적에 비해 상향 지원이 가능하다는 점에서 학생들에게 매력적인 전형으로 내신의 영향력이 상대적으로 낮아, 많은 학생에게 또 하나의 기회를 제공하기도 합니다. 논술을 준비한다면 반드시 세 가지를 기억해 주세요.

첫째, 선행학습 영향평가 결과보고서와 논술가이드북을 적극적으로 활용하세요.

대학들은 매년 '선행학습 영향평가 결과보고서'를 공개합니다. 이 보고서는 대학별 논술, 면접 등 대학별 고사가 고교 교육과정의 범위를 벗어나지 않았는지, 과도한 선행학습이나 사교육을 유발하지 않았는지 평가한 자료입니다. 계열별 기출 논술 제시문과 문항, 출제 과정, 채점 기준, 예시 답안 등도 함께 수록되어 있습니다. 대학 입학처 홈페이지에서 '선행학습 영향평가 결과보고서'를 검색하면 자료를 찾을 수 있습니다. 실제 시험 시간에 맞추어 답안을 작성해 보고, 선행학습 영향평가 결과보고서에 제시된 예시 답안과 비교하며 스스로 첨삭해 보면 실전 대비에 큰 도움이 됩니다. 최근 2~3년 치 보고서를 참고하면 좋습니다. '논술가이드북' 역시 대학이 수험생에게 제공하는 논술 안내서로, 논술 준비 팁, 출제 경향, 채점 기준, 예시 답안 등을 담고 있습니다. 논술가이드북은 각 대학에서 자체적으로 마련하는 자료로, 실질적인 논술 전략을 익힐 수 있는 좋은 자료입니다. 선행학습 영향평가 결과보고서와 논술가이드북을 병행하여 참고하면 논술 준비에 훨씬 효과적입니다. 특히 시험을 앞둔 시기에는 대학별 논술가이드북을 참고해 다양한 문제 유형과 답안 작성 흐름, 시간 관리 요령 등을 익히며 점검해야 합니다.

#### 둘째, 모의 논술 경험을 꼭 쌓으세요.

모의 논술은 실제 모의고사의 출제 경향을 미리 파악하고 자신의 실력을 객관적으로 짚어볼 소중한 기회입니다. 대학별로 시행하는 모의 논술은 대부분 6~8월 사이에 집중적으로 진행됩니다. 일부 대학은 사전 신청을 받아 온라인 또는 오프라인으로 실시합니다. 반면 사전 신청 없이 일정 기간 동안 오프라인에서 시험을 볼 수 있는 기회를 제공하거나, 학교로 문제를 발송해 응시 기회를 제공하는 곳도 있습니다. 모의 논술에 참여하면 각 대학의 출제 방식과 난이도를 직접 체감할 수 있을 뿐 아니라, 실제 시험 시간에 맞춰 답안을 작성해 보는 연습을 할 수 있습니다. 실전 시험에서 마주하게 될 다양한 상황을 미리 경험해 볼 수 있다는 점이 가장 큰 장점입니다.

**셋째, EBSi에서 1 : 1 논술 첨삭 서비스를 적극 활용하세요.**

EBSi 논술 첨삭 서비스는 별도의 비용 없이 누구나 이용할 수 있다는 점에서 매력적입니다. [EBSi 홈페이지]→[고3/N수]→[입시 정보]→[1 : 1 논술 첨삭] 파트에서 **인문 논술과 자연 논술 논제가 매주 한 번씩 새롭게 공개**됩니다. 학생은 답안을 작성한 뒤 제출하면, 선착순으로 전문 강사에게 꼼꼼한 첨삭 지도를 받을 수 있습니다. 단 한 번의 첨삭으로 끝나는 것이 아니라, 첨삭 결과에 대해 추가로 한 차례 질문이 가능하다는 점도 큰 장점입니다. 만약 첨삭 기회를 놓치더라도, 다른 학생들의 답안과 첨삭 사례를 참고하는 것만으로도 충분한 학습 효과가 있습니다. 첨삭 결과에는 점수와 평가 코멘트가 함께 제공되어, 좋은 답안과 부족한 답안을 비교해 볼 수 있습니다. 논술을 준비하는 학생과 부모라면 반드시 활용해 보길 권합니다.

논술 준비는 무엇보다 자료 활용, 실전 연습, 피드백의 세 박자가 중요합니다. 대학에서 제공하는 기출 문제와 공식 자료를 꾸준히 탐색하고, 적극적인 모의 논술과 첨삭 경험을 통해 실제 시험에 임한다면 좋은 기회를 잡을 수 있습니다.

LESSON 2

# 논술

## 약술 논술은 새로운 기회가 될 수 있습니다

수도권 대학 진학을 목표로 했지만, 내신이 좋지 않은 선주는 수시 지원을 앞두고 고민이 많습니다. 1, 2학년 때 내신의 중요성을 잘 몰라 성적 관리를 소홀히 했던 탓에, 원하는 대학의 교과전형이나 종합 전형을 지원하기에는 성적이 턱없이 부족했기 때문입니다. 그렇다고 수리논술을 준비하기에는 모의고사 수학 성적이 3등급이라 자신이 없고, 언어논술을 도전하기에는 평소 글쓰기 실력이나 독해 능력을 생각했을 때, 3학년 1학기에 준비하기에는 너무 늦었습니다. 여러모로 길이 막힌 것 같아 답답했던 선주는 마지막 희망을 '약술 논술'에서 찾았습니다.

선주는 가천대에 합격하였습니다. 합격의 비결을 묻자 평소 '수능특강'을 꼼꼼히 풀고 정리한 것이 가장 효과적이었다고 말했습니다. 특히 3학년 1학기까지 내신 준비를 포기하지 않고, 학교 수업에서 다지는 시간을 소홀히 하지 않은 것이 큰 도움이 되었다고 했습니다. 고등학교 3학년 1학기 수업은 보통 수능특강을 교재로 사용합니다. 수능특강과 수능완성은 EBS 출판물로 수능 시험의 50%가 연계되어 출제되기 때문에, 흔히 'EBS 연계 교재'라고 불립니다. 약술 논술에서도 수능특강과 수능완성의 핵심 개념과 예시 지문이 그대로 혹은 변형되어 출제되는 경우가 많아 반드시 꼼꼼히 학습하는 것이 중요합니다. 또한 수능 준비를 하면서 약술 논술도 대비할 수 있다는 장점이 있습니다.

약술 논술은 내신 5등급제에서 2등급 중후반~3등급 학생들이 수도권 대학에 도전해 볼 수 있는 좋은 기회가 될 것으로 보입니다. 원하는 대학 지원이 쉽지 않다고 해서 수시 6장의 기회를 포기하거나 가능성이 낮은 종합 전형에만 집중하는 것은 바람직하지 않습니다. 약술 논술은 일반 논술에 비해 출제 범위가 좁고, 단기간 준비가 가능한 것이 특징입니다. 더불어 내신 반영 비율이 매우 낮아 내신 등급에 따른 불리함이 크지 않다는 점도 장점입니다. 그만큼 경쟁률이 높다는 점도 지원할 때 고려해야 하는 부분입니다.

약술 논술 시험 과목은 보통 국어, 수학 두 과목입니다. 국어는 '화법과 작문', '문학', '독서' 중심으로 출제됩니다. 수학은 주로 '수학 I', '수학 II' 범위에서 나옵니다.[3] 2026년에 신설된 국민대와 고려대(세종)는 수학 과목에서 '미적분'을 포함합니다. 2026년 기준 강남대와 국민대가 새롭게 추가되어 총 15개 대학에서 약술형 논술 전형을 운영합니다. 특히 변별력 있는 문제는 수학에서 출제되며, 모의고사 4점 수준의 난이도 있는 문제가 1~2문항 나옵니다. 이 부분을 얼마나 정확히 풀어내느냐가 합격을 가르는 핵심이 됩니다.

---

3) 2022 개정 교육과정 과목 기준 국어는 '화법과 언어', '문학', '독서와 작문', 수학은 '대수', '미적분 I'에서 출제될 예정입니다.

시험의 난도가 전체적으로 높지는 않지만, 실수하지 않고 감점을 최소화하는 것이 매우 중요합니다. 평소 틀린 문항은 오답 노트로 정리해서 반복 점검하고, 특히 수학은 '수능특강' 예제 문항까지 연습장에 풀며 풀이 과정을 논리적으로 서술하는 연습이 필요합니다. 정답뿐 아니라 풀이 과정의 정확성과 수학 용어와 기호의 올바른 사용도 채점에서 중요한 기준이니 신경 써야 합니다. 국어의 경우 EBS 교재와 같은 지문이 출제된 사례가 적지 않으므로 반복적으로 읽고 익숙해지는 연습이 필요합니다. 실제로 선주 역시 익숙한 국어 지문이 시험에 나와, 안정감을 얻고 침착하게 시험을 볼 수 있었습니다.

약술 논술을 치르고 온 학생들 가운데 상당수가 시험 시간이 부족했다고 말합니다. 약술 논술은 80~90분 동안 10~15문항을 풀어야 하므로, 한 문제당 6~9분밖에 시간이 주어지지 않습니다. 따라서 실제 시험 시간에 맞춰 각 대학의 기출 문제를 풀고, 시간 내에 답안을 완성하는 연습이 꼭 필요합니다.

내신 성적이 부족해서, 논술이 힘들어서 망설이는 학생들에게 약술 논술은 충분히 새로운 기회가 될 수 있습니다. 본인의 약점을 인정하고 계획적으로 준비한다면 높은 경쟁률 속에서도 도전해 볼 만한 전형입니다.

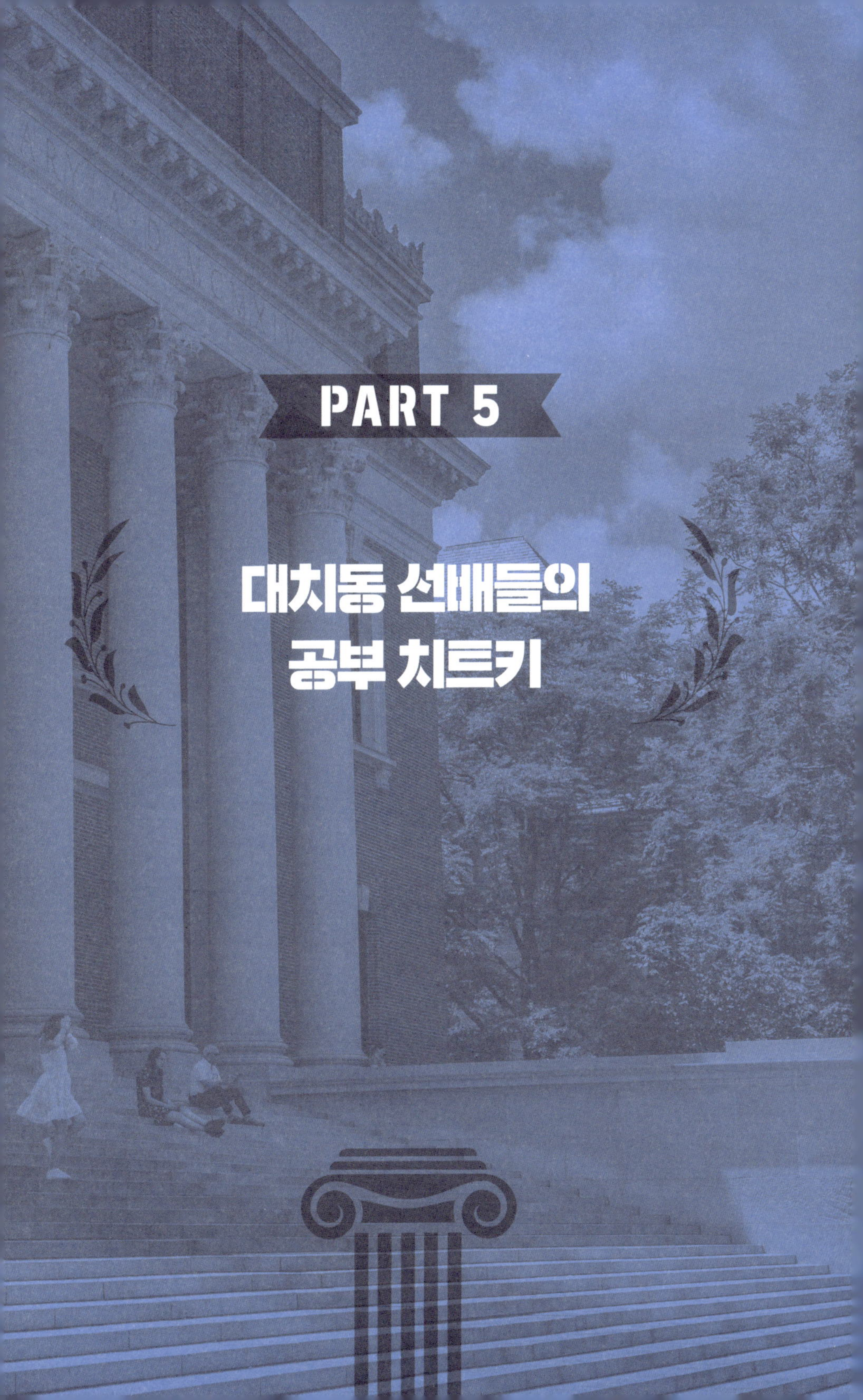

# PART 5

# 대치동 선배들의 공부 치트키

# 중학생 때 대치동으로 전학 온 아이의 성공담

현태는 중학생 때 대치동으로 전학을 왔습니다. 초등학생 때까지는 가정 방문 학습지 외에는 학원에 다닌 적이 없었지요. 처음 대치동으로 전학 왔을 때, 레벨 테스트를 해도 받아주는 수학 학원이 없어서 겨우 받아주는 학원의 마지막 레벨로 들어갔습니다. 대치동 학원에서는 숙제를 과도하게 주는 것이 기본입니다. 처음부터 다 못 해오는 것이 기본인 양의 과제를 줬지만, 현태는 단 한 번도 숙제를 미뤄 본 적이 없었습니다. 그리고 그런 학생은 반에서 본인밖에 없었다고 해요. 그 과정을 경험한 현태는 열심히 한다면 언제 선행을 해도 전혀 늦지 않다고 합니다. 중학생이 중학교 수학 개념을 배우는 것은 그리 오랜 시간이 걸리지 않는다고요.

교육과정은 나이에 따른 인지 수준과 뇌의 발달 정도를 고려하여 구성됩니다. 너무 어린 나이에 시작하면 이해하지 못한 상태로 암기하게 되고, 그 습관이 고학년이 되었을 때, 이해력의 한계로 되돌아오게 됩니다. 현태는 수학에서 학습량이 가장 많고 개념의 깊이가 깊은 미적분Ⅱ를 고3 올라가는 겨울방학에 처음 배웠습니다. 그때 '이래서 수포자가 생기는구나!'라고 생각할 만큼 어려웠다고 합니다. 그래도 포기하지 않았습니다. 기초부터 잘 쌓으면 늦은 공부란 없다는 것을 이미 경험했던 적이 있었기 때문입니다. 결국 입시를 앞두고 자신감을 찾았습니다. 대부분 선행을 한다는 학생들도 과학고나 영재학교 진학자를 제외하면 결국 미적분에서 멈추는 경우가 많습니다. 과도한 선행이 그리 효과적이지 못하다는 것을 입시를 막 끝낸 아이들의 입을 통해 들을 때가 많습니다. 깊이 있게 한 단계 앞서는 것이 중요하다는 것이 입시에 성공한 학생들의 공통된 말입니다.

윤호도 중학교 입학과 함께 대치동으로 이사 왔습니다. 중학교 1학년 첫 중간고사를 앞두고, 교실에서 반 친구들이 고등학교 2~3학년 과목인 '기하'와 '미적분Ⅱ'를 끝냈다고 말하는 것을 들었습니다. 그 말을 듣고 윤호는 '괜히 이사 와서 내신은 망한 건가?'라는 생각이 들고 불안해졌습니다. 그런데 막상 중간고사를 치르고 나서 결과를 보니, 그 아이들 대부분이 수준별 수업 A, B, C 반 중에 B반으로 갔다는 겁니다. 그때 윤호는 '선행을 많이 했다고 해서 반드시 잘하는 건 아니구나'라는 것을 처음 깨달았다고 합니다. 생각보다 많은 아이가 수업에서 개념 문제나 교과서 예제 수준의 문제를 풀어 본 정도인데, 그걸 '배웠다'라고 하는 경우가 많다고 했습니다. 실제로는 제대로 이해했다기보다 공식을 외워 대입할 수 있는 정도인 거죠. 윤호는 "선행을 하려면 어려운 문제까지 스스로 풀 수 있어야 진짜 공부한 것"이라고 말했습니다. 공식을 외워 쓰는 데 그치지 않고, 그 공식에 담겨 있는 의미를 정확하게 알아야 학년이 올라가면서도 흔들리지 않는다고 강조했습니다. 윤호 역시 현태처럼 처음 대치동에 왔을 때는 받아주는 학원이 없었습니다. 겨우 다닐 수 있는 한 곳을 찾아서 가장 낮은 레벨로 시작했습니다. 그랬던 중1의 현태, 윤호는 6년 후, 서울대에 합격하였습니다.

초등학교 때는 '씩씩하게 자라는 것이 최고다', '대학은 안 나와도 행복하게 살면 된다'라고 생각하던 부모님들도 막상 아이가 중학교에 들어가면 마음이 흔들립니다. 이제는 성적이 '현실적 기준'처럼 느껴지기 때문입니다. 하지만 그때는 받아주는 학원이 많지 않습니다. 특히 대치동의 많은 수학 학원은 선행 진도에 따라 반을 나누기 때문에, 실제 실력보다 얼마나 진도를 나갔느냐가 레벨을 좌우합니다. 그래서 '좀 더 일찍 보냈어야 했다'라거나 '정보가 부족해서 아이가 낮은 반에 들어갔다'라며 후회하는 부모님이 많습니다. 그러나 현태와 윤호의 사례는 분명히 이야기합니다. 중학생 때의 학원 레벨이 대학 입시 결과를 좌우하지는 않는다는 사실을요. 초등 시절부터 과도한 경쟁에 시달리지 않고, 균형 있게 자라면서 빠진 과목 없이 충실하게 공부해도 늦지 않습니다. 중요한 건 빨리 시작하는 게 아니라, 자신의 속도에 맞게 꾸준히 나아가는 것입니다.

# 이걸 관리해야 성적이 오릅니다

성현이는 무슨 일이 있어도 학교 점심시간에는 친구들과 농구를 합니다. 1, 2학년 내내 슬럼프를 겪으면서 내신 등급이 하락했고, 이 성적으로는 목표하는 대학에 가기 어렵다고 생각하여 한때 공부를 포기하고 싶었습니다. 입시를 생각하면 마음이 늘 불안하고 답답했습니다. 그때 성현이가 찾은 해결책이 바로 농구였습니다. 격하게 뛰고 나면 몸은 고되지만, 오히려 마음이 편해지고 집중력이 높아졌습니다. 전혀 이해가 되지 않던 내용도, 농구를 마친 뒤 다시 책을 펼치면 비교적 수월하게 보였습니다. '공부하는 시간보다 몸과 마음을 회복하는 시간이 더 효율을 높인다'라는 것을 직접 체험하게 된 것이지요. 성현이는 스트레스 해소 시간을 의식적으로 마련하면서, 결과가 기대에 미치지 않아도 흔들리지 않고 꾸준히 밀고 가는 힘이 생겼습니다. 학년이 올라가면서 수시를 포기하는 학생이 많아졌지만, 성현이는 오히려 3학년 때 더욱 안정된 모습으로 좋은 성적을 거두었고 끝내 연세대에 합격했습니다. 성현이는 "마지막까지 마음을 관리했기 때문에 포기하지 않을 수 있었다."라고 했습니다.

전교권이었던 윤수는 서울대 학교장 추천은 받지 못하더라도, 카이스트나 가톨릭대 의대 학교장 추천은 받을 줄 알았습니다. 하지만 예상과 달리 앞 순위 친구들에게 밀려 추천 기회를 놓쳤습니다. 내신을 꼼꼼히 챙기고 면접 준비에도 최선을 다하며 치열하게 수시를 준비했지만, 지원한 여섯 곳의 대학에서 모두 불합격 통보를 받았습니다. 안전하게 지원했다고 생각했던 대학마저 떨어졌을 때, 윤수는 큰 충격을 받았습니다. 잠시 허탈함에 빠졌지만, 윤수는 곧 마음을 다잡았습니다. 결국 수능에서 높은 점수를 받아 서울대 의대에 합격했습니다. 무용지물이라고 여겨졌던 내신 관리와 면접 경험이, 수능 60%, 교과 역량 40%를 반영하고 인·적성 평가로 결격 여부를 판단하는 정시 지역균형전형에서 큰 도움이 되었습니다. 입시가 다 끝난 후, 윤수에게 어떻게 그 힘든 시간을 견디고 좋은 결과를 낼 수 있었는지 물었습니다. 윤수는 입시를 준비하면서 불안을 다스리기 위해 수시로 입시 커뮤니티에 들어가 합격 수기, 공부 전략을 읽었다고 합니다. 특히 실패를 딛고 성공한 사례들은 윤수에게 안정감과 큰 용기를 주었습니다. 또한 여러 사람의 방법을 자신에게 적용해 보며, 맞는 것은 수용하고 맞지 않는 것은 버리면서 자신만의 학습 패턴을 만들어 간 것이 도움이 되었다고 했습니다. 그 과정이 윤수에게 잘하고 있다는 확신을 주어, 결과적으로 더 안정적이고 긍정적인 성장을 이끌었습니다.

성적이 좋은 학생들에게는 공통점이 있습니다. 이들은 자신만의 스트레스 관리법을 갖고 있습니다. 그 방법이 운동일 수도 있고, 음악을 듣거나, 책을 읽는 것일 수도 있습니다. 중요한 것은 감정의 조절 장치를 하나씩 갖추고 있다는 점입니다.

스트레스를 받을 때 우리 뇌에서는 코르티솔이라는 호르몬이 분비됩니다. 이 호르몬이 두뇌의 해마(기억을 담당하는 부분) 기능을 억제하며 배운 내용의 정착을 방해한다고 알려져 있습니다. 반대로 운동이나 좋아하는 취미 활동을 하면 도파민과 세로토닌이 활성화되어 뇌의 전전두엽 기능이 회복됩니다. 이 부위는 계획 능력, 집중력, 판단력을 담당합니다. 결국 운동이나 자기만의 스트레스 해소 루틴이 단순한 기분 전환이 아니라 공부 효율을 높이는 과학적 행위인 셈입니다.

쉽고 빠르게 스트레스를 해소할 수 있는 나만의 건전한 배출구를 만들어야 합니다. 아이는 공부만 하는 기계가 아닙니다. 아무리 강한 동기부여가 있다고 하더라도, 3년 내내 공부만 하는 아이는 없습니다. 입시를 준비하는 과정에서 쌓인 스트레스와 심리적 압박을 해소하지 못하면, 가장 중요한 시기에 한계가 올 수 있습니다. 실제로 수능 한 달 전, 극심한 부담감으로 갑자기 공부를 멈추는 학생도 보았습니다. 성적과 공부 시간이 반드시 비례하지는 않습니다. 최소한의 공부량이 보장된다면, 결과를 결정짓는 것은 얼마나 효율적으로 집중해서 공부했는지입니다. 스트레스 관리는 학습의 질을 높이는 핵심 요소 중 하나입니다. 아이들을 지켜보면, 운동이나 악기, 노래, 독서 등 전자기기가 아닌 방식으로 스트레스를 푸는 아이들이 막판에 더 강한 집중력을 보여주었습니다. 그렇기 때문에 아이가 좋아하고 꾸준히 할 수 있는 취미 하나를 가질 수 있도록 도와주어야 합니다. 결국 자기 마음을 다스릴 줄 아는 아이가 성적도 관리합니다.

# 실패하는 공부법은 이제 그만

연수는 수업 태도가 매우 바릅니다. 교탁 앞자리에 앉아, 선생님의 말씀 한마디 한마디를 예쁜 글씨로 꼼꼼히 필기하는데 이상하게도 연수의 성적은 기대에 미치지 못합니다. 어느 날, 연수를 불러 오늘 배운 핵심 개념과 의미를 물었습니다. 안타깝게도 연수는 머뭇거리며 대답하지 못했습니다. 필기한 공책을 보지 않으면 무엇을 배웠는지 기억하지 못했습니다.

이처럼 많은 학생이 '필기하고 나중에 외우면 되지'라고 생각합니다. 그러나 공부를 잘하는 학생은 배우는 그 순간 기억하려고 합니다. 즉, 의도적으로 지금 바로 외우는 태도를 가지는 것입니다. 수업 시간에 열심히 필기하는 것은 좋은 습관이지만, 그 행동에 만족하는 순간 배움이 머릿속에서 사라집니다. 배운 내용을 장기기억으로 옮기기 위해서는, 수업 중 이해한 내용을 머릿속으로 다시 떠올리거나 스스로 설명해 보는 연습이 꼭 필요하기 때문입니다. 예를 들어 수업이 끝나기 전 2～3분 동안 '오늘 배운 것을 한 문장으로 요약해 보기' 같은 습관을 들이면, 그날 배운 내용이 훨씬 오래 남습니다.

아이의 공부를 지켜보는 부모님으로서는 '학원에서 보내는 시간도 많고, 열심히 하는 데 성적이 오르지 않는다'라고 느낄 때가 많습니다. 그럴 때 우리 아이가 필기만 하고 기억하지 않는 공부를 하고 있지 않은지 살펴보는 것이 좋습니다. 공부는 공책에 얼마나 많이 쓰느냐가 아니라, 머릿속에 얼마나 깊이 남기느냐의 문제이기 때문입니다. 배운 내용을 말로 해 보는 연습을 같이 해 보면 좋습니다.

공부의 시작부터 완벽하게 하려는 학생들이 많습니다. 수학의 정석을 공부해 본 학부모라면, 두꺼운 교재의 앞부분만 까맣게 되어 있던 경험이 있을 것입니다. '1단원 완벽하게 끝내고 다음으로 넘어가야지'라고 생각합니다. 하지만 1단원만 공부해서는 결코 좋은 성적을 받을 수 없습니다. 이러한 방식을 '테트리스 공부법'이라고 합니다. 테트리스를 할 때 사람들은 빈칸이 보이면 불안해하고, 완벽히 채우려고 합니다. 물론 시간적 여유가 있을 때는 틈 없이 채우는 것이 다음 블록을 채우는 공간을 확보하여 도움이 됩니다. 하지만 그렇게만 하다 보면 블록이 점점 쌓이고, 결국 공간이 부족해집니다. 공부도 같습니다. 하나를 완벽히 끝내려다 보면 진도가 더디고, 시간은 모자랍니다. 그래서 상위권 학생들은 "조금 부족하더라도 일단 진행하라."고 말합니다. 이해는 물론 중요하지만, 이해에만 집착하다 진도를 나가지 못하면 효율이 떨어지기 때문입니다. 부족한 개념은 문제 풀이를 통해 메워야 합니다. 문제 속에서 개념이 살아 움직이며 이해의 폭이 넓어지기 때문입니다. 고등학교는 과목마다 학습량이 방대합니다. 한 과목에 지나치게 몰두하면 다른 과목과의 균형이 무너집니다. 또 시험은 결국 문제를 해결하는 과정이므로, 배운 지식을 문제 풀이를 통해 완성하는 공부로 이어가야 합니다. 이는 이해 없이 진도만 나가라는 말이 아니라 지속적인 반복을 전제하고 있습니다. 처음에 이해가 가지 않던 내용도 여러 번 적용하다 보면 어느 순간 '아, 이래서 이렇게 되는구나'하고 깨닫게 됩니다. 이해는 반복 속에서 자랍니다. 전혀 이해할 수 없었던 발상도 반복하다 보면 결국 이해하게 되고 설명할 수 있게 됩니다. 개념을 깊이 탐구하는 것은 좋지만, 막히더라도 잠시 미뤄두고 여러 번 문제에 적용해 보는 것이 더 좋은 방법일 때가 있습니다.

오늘 이해되지 않아도 괜찮습니다. 중요한 것은 포기하지 않고 계속 연결하는 힘입니다. 아이에게 한 번에 이해하지 못해도 괜찮다는 것을 이야기해 주세요. 반복 속에서 이해가 완성될 수 있다는 것을 알려 주어야 아이가 포기하지 않습니다.

# 충분한 양을 공부한다는 것의 의미

"충분한 양을 공부하는 것이 중요해요."

입시에서 좋은 결과를 낸 학생들에게서 공통으로 들을 수 있는 조언입니다.

그렇다면 '충분하다'라는 기준은 어디까지일까요? 상담을 해 보면 대부분 학생이 "열심히 하는데도 성적이 안 올라요."라고 말합니다. 하지만 최상위권 학생들이 말하는 충분한 공부량은 훨씬 구체적이고 명확합니다.

이 학생들에게 '충분히 공부했다는 기준이 무엇이냐?'고 물으면 대부분 비슷한 대답을 합니다.

'과목별로 최근 5개년 수능과 모의고사 문제가 어떤 형태로 나와도 바로 풀 수 있는 정도'라고 말하지요. 그렇게 되기까지는 한 과목의 문제집을 적어도 3권 이상, 2~3회 이상 반복하는 과정이 필요하다고 합니다. 결국 공부를 잘하는 학생들의 기본에는 공부량이 자리하고 있습니다. 특별한 비법이 있을 것처럼 보이지만, 사실은 시험에서 요구하는 양을 충분히 공부하는 것, 그것이 전부일 수 있습니다. 기출 문제를 분석하고, 유사 문제를 반복해서 풀어 보는 것 외에 더 나은 방법은 없습니다. 학생들 사이에서는 이를 흔히 '양치기'라고 표현합니다.

지연이는 국어가 어렵고 시험을 볼 때면 늘 시간이 부족했습니다. 성적을 올려보기 위해서 유명 강사의 강의를 들었습니다. 지문을 읽는 방법, 문학 작품을 해석하는 요령, 비문학에서 시간을 줄이는 팁까지 구체적으로 알려 주었죠. '이런 걸 이제야 알다니' 싶을 만큼 감탄스러웠고, 모의고사 성적도 눈에 띄게 올랐습니다. 그런데 수능 시험 날, 상황은 달랐습니다. 평소보다 지문이 낯설고 길었습니다. 강의에서 배운 방법은 하나도 떠오르지 않았습니다. 시험이 끝나고 지연이는 말했습니다. "그동안 강의를 들으며 공부했다고 믿었는데, 막상 제 머리에 남은 게 별로 없더라고요." 이 경험을 통해 지연이는 깨달았습니다. 아무리 좋은 강의를 들어도, 문제를 직접 손으로 풀고 스스로 답을 찾아보는 연습이 충분하지 않으면 시험장에서 그 내용을 써먹을 수 없다는 것을요. 결국 많이 풀어 본 문제 속에서 출제자의 의도를 읽어내는 힘이 길러집니다. 처음 보는 문제에서 힌트를 잡기는 어렵지만, 비슷한 유형을 충분히 경험해 본 학생은 '이 문제는 그때 풀었던 유형의 변형이구나'라는 직관이 생깁니다. 이 직관이 문제해결의 출발점이 됩니다.

많은 학생이 수시로 자신의 공부 방법이 맞는지 확인받고 싶어 합니다. 더 나은 방법을 놓치고 있거나, 지금 방식이 비효율적인 건 아닐까, 하는 불안감 때문입니다. 그래서 인터넷을 뒤져 좋은 강의나 추천 문제집을 찾습니다. 좋은 시도이기는 하지만 결국 아무리 좋은 방법도 실천하지 않으면 무용지물입니다. 공부에서 가장 중요한 것은 결국 공부량이며, 공부량을 늘리는 핵심은 시간 확보에 있습니다.

공부는 하루에 몇 시간을 하느냐의 문제가 아니라, 같은 시간 동안 얼마나 꾸준히 집중하느냐의 문제입니다. 정해진 시간 안에 일정한 양을 매일 반복적으로 쌓아가야 공부의 체력이 생깁니다. 규칙적으로 공부하고, 정해진 루틴을 지키는 습관이 쌓일 때 비로소 충분한 양이 만들어집니다.

많은 학생이 '고3이 되어 공부량이 늘었는데 성적은 왜 그대로일까'하고 고민합니다. 고1이나 고2 때보다 하루 공부 시간이 늘었지만, 실제 성취는 제자리인 경우가 많습니다. 성적이 오르지 않는 이유는 '예전보다 많다'라는 것은 자기 기준에서 상대적으로 많아진 것일 뿐, 시험에서 요구하는 절대적인 양에는 아직 도달하지 못했기 때문입니다. 또 다른 이유로는 질보다 양의 순서를 착각하는 경우입니다. 기초 개념이 부족한 상태에서 효율적인 요령만 찾다 보면, 공부의 틀이 잡히지 않습니다. 먼저 충분히 많은 양의 공부를 해야 효율이 생깁니다. 양의 확보가 선행되지 않으면 공부는 늘 새로운 시도로만 남고, 실력으로 이어지지 않습니다.

공부에는 요령이 있을 수 있지만, 요령으로 모든 걸 대체할 수는 없습니다. **결국 성적을 결정짓는 것은 환경도, 재능도 아닌 학습 태도와 반복의 양입니다.** 최상위권 학생들도 특별한 두뇌보다는 특정 시간과 양을 반드시 채우는 습관을 갖고 있습니다. 공부에서 말하는 충분한 양은 단순히 많은 시간을 투자하는 게 아니라, 매일 일정량을 계획적으로 쏟아부으며, 반복 속에서 실수를 줄여가는 과정입니다. 이 꾸준함이 쌓여야 비로소 시험장에서 흔들리지 않는 실력이 만들어집니다. 양은 실력을 키우는 가장 정직한 공식입니다. 하루의 공부량을 꾸준히 관리하는 습관을 길러주어야 합니다. 이것이야말로 입시에서 결과를 바꾸는 단 하나의 확실한 비법입니다.

# 시험장에서 긴장하지 않고 시험 잘 보는 방법

"수학 12번 계산 실수해서 틀렸잖아요."

"시험 끝나고 다시 풀어 보니 다 맞힐 수 있는 문제였어요."

시험이 끝나면 어김없이 이런 이야기가 들립니다. 실력과 시험의 결과 사이 간격이 있습니다. 정도의 차이는 있지만, 시험에 대한 부담감은 모든 학생이 느낍니다.

'고등학교 내신 시험은 매우 중요하다던데, 이번 시험을 망치면 어떡하지?'

'엄마가 크게 실망하실 것 같아….'

'이러다 대학 못 가면 어쩌지?'

이런 불안한 생각들이 머릿속을 가득 채울 때, 실수는 더욱 잦아집니다. 실전에서 본인의 평소 실력을 발휘하기 위해서는 먼저 실수의 원인을 정확히 파악하고 관리하는 것이 중요합니다.

없는 실력을 갑자기 끌어올리는 것은 시간이 걸리지만, 실수를 줄이는 것만으로도 성적을 올릴 수 있습니다. 시험이 끝난 뒤, 어떤 실수를 했는지 반드시 기록하게 해 주세요. 단순 계산 실수였는지, 문제를 끝까지 읽지 않아서 틀렸는지, 혹은 시간 관리가 부족해서 그런 건지 원인을 구체적으로 분석해야 합니다. 그리고 다음 시험 전, 그 기록을 다시 확인하며 같은 실수를 예방해야 하고, 같은 실수를 반복한다면 더 이상 실수가 아니라 실력이라는 것을 꼭 알려 주어야 합니다.

시험에서 좋은 결과를 얻는 데 필요한 요소는 세 가지입니다. 충분한 실력, 최상의 컨디션, 그리고 약간의 운입니다. 학생들이 말하는 '불안의 정체'를 들어보면, 대부분 '내가 덜 공부한 영역에서 문제가 나오면 어떡하지?'라는 걱정에서 비롯됩니다. 즉, 스스로 공부가 완벽하지 않았다는 자각이 불안을 키우는 것입니다.

"아무리 긴장해도 구구단을 틀리지는 않잖아요."

"실수는 시험의 전제입니다. 실수할 것까지 고려해 공부량을 늘려야 합니다."

시험에서 좋은 결과를 내는 학생들이 하는 말입니다. 결국 시험 불안을 해소하는 단 하나의 방법은 경험과 준비로 불안의 여지를 줄이는 것입니다. 충분히 연습하고, 컨디션을 조절하며, 예상치 못한 변수까지 대비할 때 비로소 마음이 안정됩니다.

다음은 제가 고등학교 입학 후 첫 중간고사를 앞둔 조카에게 보낸 메시지로, 시험 전에 아이와 함께 읽어보시면 도움이 될 것입니다.

① 시험지를 받으면 바로 시작하지 말고, 문제를 처음부터 끝까지 한 번 훑어본다.

② 문제의 구성과 난이도 배점을 빠르게 파악한다. 익숙한 문제 유형과 낯선 문제의 비율을 확인한다.

③ 서술형 문제를 미리 살펴본다. 배점, 난이도를 미리 감 잡으면 시간 배분이 수월하다.

④ 전략을 세운다.

- 교과서나 학습지에서 봤던 익숙한 문제를 먼저 푼다.
- 서술형이 쉬워 보이면 그 부분부터 시작해도 좋다.
- 배점이 낮은 문제부터 푼다. 일반적으로 배점이 낮은 순으로 문제가 나오지만, 선생님에 따라 순서가 다를 수 있으니 반드시 확인한다. 시험지 뒷부분에 쉬운 문제가 있는데 시간이 모자라서 못 풀면 낭패다.

⑤ 어려운 문제에 오래 머물지 않는다.

쉬운 3점짜리 두 문제를 맞히는 것이, 어려운 5점대 한 문제를 붙잡고 시간을 허비하는 것보다 낫다.

⑥ 종료 10분 전 방송이 나오면, 문제 풀이를 멈추고 답안지에 답안을 옮겨적는다. 아직 못 푼 문제가 남았다면, 남은 시간에는 가장 가능성 있는 문제부터 도전한다.

⑦ 시험 중 멘탈을 붙들어라.

내가 어렵다면 다른 사람도 어렵다. 쉬운 시험일수록 실수가 승부를 가른다.

⑧ 시험은 기세다.

시험지를 받은 후 시작종이 울리기 전 3분 동안 눈을 감고 마음을 안정시키자.

'할 수 있다. 나는 준비한 만큼 결과를 낸다.'

이 말을 세 번 속으로 외치며 깊게 숨을 쉰다.

시험장의 긴장은 피할 수 없습니다. 중요한 것은 그 긴장을 어떻게 다루느냐입니다. 긴장을 완전히 제거하려 하기보다, 내가 긴장하는 이유를 알고 대비하는 것을 목표로 삼아야 합니다. 그래서 시험 당일 아침에는 익숙한 루틴을 유지하는 것이 좋습니다. 아이가 평소에 먹던 아침을 그대로 먹고, 잠을 너무 적게 자지 않도록 도와주세요. 그동안 꾸준히 실수를 기록하고, 예상치 못한 상황도 훈련했다면 당일의 불안은 줄어듭니다. 작은 성공의 경험을 쌓고 본인에 대한 확신이 있어야 시험에 대한 불안을 줄일 수 있습니다. 과정에 대한 평가가 결과에 대한 평가보다 우선시될 때, 결과에 대한 두려움을 줄일 수 있습니다.

# 의대 합격생의 놀라운 공통점

제게 남들과 다른 독특한 취미가 있다면, 대입 합격생의 후기를 읽는 것입니다. 아이들과 상담하다 보면, 노력이 부족한 학생도 있지만 정말로 어떻게 공부해야 할지 몰라서 헤매는 아이들도 많습니다. 그런 아이들에게 조금이라도 도움이 되고 싶다는 마음으로 합격 후기를 꾸준히 읽기 시작했습니다. 특히 제가 가르쳤던 학생이 쓴 합격 후기를 읽으면, 단순히 어느 대학에 합격했다는 사실을 넘어 그 아이가 학교생활을 어떻게 했는지, 선생님과 친구들에게 어떤 평가를 받았는지까지 생생하게 떠오릅니다. '아, 이 아이가 이런 생각으로 생활했기에 이런 결과로 이어졌구나.'라는 연결이 자연스럽게 보입니다. 많은 합격 수기를 읽다 보니 최상위권 학생에게는 공통으로 반복되는 세 가지 특징이 있음을 알게 되었습니다. 다음의 내용은 제가 실제로 가르쳤던 학생 중 인서울 의대에 합격한 친구들의 수기에서 공통으로 드러난 부분을 정리한 것입니다.

### 1) 학교 수업을 중요하게 생각한다

모든 합격 수기에서 가장 먼저 언급되는 것은 학교 수업의 중요성입니다. 다소 당연하게 들리지만, 이 학생들의 글에서는 그 '당연함'이 단단한 확신으로 드러납니다.

> 수많은 수능 선생님께서 수능의 문제 의도나 난이도를 예측하곤 합니다. 하지만 이는 틀리는 경우가 많습니다. 그 이유는 선생님들이 수능 시험 출제자들과 소통할 수 없기 때문입니다. 내신은 다릅니다. 시험 출제자가 수업하고 출제자와 직접적인 질의응답도 가능합니다. 좁게는 시험의 난이도를 예측해 볼 수 있고, 넓게는 선생님이 말씀하신 주제, 소재, 단어, 어구 등을 통해 시험에 나올 내용을 예측해 볼 수 있습니다.
>
> 학교 수업에 집중하지 않으면서 공부를 잘할 수는 없습니다. 우리가 가장 많은 시간을 보내며, 가장 집중할 수 있는 시간은 학교 수업 시간입니다. 이 시간을 빼놓고 공부하고 실력을 쌓는다는 것은 어불성설입니다. 부가적인 도움을 위한 학원 수업을 중시하며 더 중요한 학교 수업을 소홀히 하는 것은 어리석다고 생각합니다.

글을 읽으면서 학교 수업을 중요하다고 생각하는 것에 대한 본인만의 이유가 분명하다는 생각이 들었습니다. 실제로 이 아이들은 수업 시간을 허투루 보낸 적이 단 한 시간도 없었습니다. 이렇게 확고한 자신만의 생각이 있었기에 그렇게 행동할 수 있었다는 생각이 들었습니다.

### 2) 넘치게 공부하는 것을 아까워하지 않는다

수기를 읽으면서 놀랐던 것은 누구보다 머리가 좋은 아이들이라고 생각했던 아이들이 자신을 노력파라고 부르는 것이었습니다.

고등학교 공부는 꾸준한 노력파가 더 유리하다는 것입니다. 제가 좋은 성적을 받을 때, 친구들은 '너는 머리가 좋으니까'라고 말하였습니다. 그때마다 웃으면서 넘겼지만, 저는 자신 있게 말할 수 있습니다. 제가 좋은 성적을 받을 수 있었던 것은 타고난 머리가 아닌, 목표를 향한 끊임없는 노력이었습니다.

또한 내신을 챙기기도 힘든데, 갖가지 학교 행사에 적극적으로 참여했던 아이들이 어떤 생각을 가지고 활동했는지 알 수 있었습니다.

다양한 경험을 통해 배우고 느끼며 성장할 수 있었습니다. 입시에서도 그러한 노력과 결과물이 도움이 된 것은 사실이지만, 저는 그 과정에서 배우고 성장한 부분이 더 큰 의미가 있다고 생각합니다.

학교 프로그램을 이수함으로써 생기는 지식과 노하우, 인연 등은 머지않은 미래에 저에게 큰 도움이 되었습니다.

그게 어떤 활동이든 최선을 다하셨으면 좋겠습니다. 입시가 다 끝나고 돌아보니 순간순간 최선을 다한 것이 제게 정말 큰 도움이 되었습니다.

주어진 과제, 활동 하나하나가 입시에 도움이 되는지 안 되는지를 생각하기보다 주어진 일에 최선을 다하고, 그 과정을 배울 소중한 기회라고 생각하는 모습을 엿볼 수 있었습니다. 실제로 의대를 지원함에도 문과 성향의 토론 한마당, 고전 인문 아카데미 등의 프로그램에 참여한 것에서 자료 조사, 자기 생각을 정리하여 말하는 방법, 다른 사람의 생각을 이해하는 것 등을 배웠다는 글도 의미 있게 다가왔습니다. 최상위권 아이들은 넘치게 공부하는 것을 아까워하지 않았습니다. 당장 성과가 눈에 보이지 않더라도 가까운 미래에 자산이 된다는 것을 알고 있었습니다.

### 3) 그들도 불안하다

그들도 다른 아이들과 똑같이 좌절하고, 불안하다는 것입니다.

> 3년 동안의 입시 과정에서 느낀 바가 있다면, 예상치 못한 변수들이 존재한다는 것입니다. 최선을 다했지만, 그에 미치지 못한 결과를 받아 힘들었던 순간, 최고의 선택이라고 생각했지만, 결과적으로 후회로 남은 안타까운 경험이 지난 3년의 과정에 함께 존재했습니다.
>
> 2학년을 마치고 나서 원하는 만큼 성적이 잘 나오지 않았다는 생각에 자신감을 상실한 채 혼자서 좌절하며 힘든 나날을 보내곤 했습니다.

왠지 이 아이들은 꽃길만 걸었을 것 같고 부모로서 이 아이들의 부모가 부럽기만 합니다. 하지만 들여다보니 그들의 고등학교 3년의 과정도 예측 불가능성, 좌절의 연속이었습니다. 다른 아이들처럼 불확실한 미래가 불안하고, 생각만큼 결과를 내지 못해 자책할 때도 있었습니다. 하지만 이 아이들은 그걸 이겨내고 좋은 결과를 냈습니다. 무엇이 달랐던 걸까요? 학생들의 합격 후기에 가장 많이 등장하는 조언이 있습니다. 마치 약속이라도 한 듯 반복되는 말, 바로 "자신을 믿으세요!"입니다.

문장 안에 숨겨져 있는 정확한 표현은 '그동안 꾸준히 노력했던 자신을 믿으세요!'입니다. 좌절감이 많이 들고 힘들 때 노력했던 자기 모습을 떠올렸다는 글이 많았습니다. 그리고 노력한다면 분명 원하는 결과를 얻을 수 있다는 믿음을 아이들의 글에서 읽을 수 있었습니다.

학교에서 학생들과 이야기해 보면, 아이들은 부모의 생각을 많이 따라간다는 것을 알 수 있습니다. 아이 생각의 근원이 부모님인 경우가 많습니다. 실제로 좋은 마음가짐을 행동과 연결할 수 있는 아이가 많지 않기에, 뻔한 듯하지만 뻔하지 않은 최상위 학생들의 마음가짐을 아이가 방황하고 힘들어할 때, 이야기해 주신다면 아이가 고등학교 3년의 과정을 이겨내는 데 도움이 될 것입니다.

Epilogue

## 정보는 불안을 이깁니다

대학에 입학한 제자들이 찾아와 대학 생활 이야기를 들려주는 일은 늘 즐겁습니다. 그들의 표정에서 설렘과 고민이 함께 묻어 있습니다. 요즘 아이들의 대학 생활은 어떤지, 어떤 고민을 하는지 듣는 일은 대학을 꿈꾸는 후배들에게 살아 있는 조언이 되고, 저에게도 교육의 의미를 다시 생각하게 합니다.

졸업한 아이들에게 대학 생활 중 가장 힘든 점이 무엇이냐고 물으면, 대부분 한결같이 "수업이 어렵다."라고 말합니다. 12년 동안 대학 입시를 목표로 달렸던 학생들이 정작 입학 후 가장 많이 하는 말이 '공부가 너무 어렵다'라는 사실이 놀랍기도 합니다. 아이들의 표현을 빌리면, 고등학교 공부는 시간을 투자하면 결과가 따르는 공부입니다. 하지만 대학 공부는 다르다고 합니다. 그렇게 열심히 했는데, 막상 대학에서 '무슨 말인지 하나도 모르겠다'라는 순간이 많다고요. 고등학교 공부의 본질이 반복과 암기로 이루어진 정답의 세계라면, 대학 공부는 스스로 파고들어 이해해야 하는 질문의 세계입니다. 그래서 대학에서 가장 두려운 친구는 이렇게 말하는 친구라고 합니다.

"이거 재미있지 않냐?"

그 말을 들을 때, 아이는 비로소 현실을 명확히 인식하게 됩니다.

'나는 겨우 버티며 공부했는데, 저 아이는 배우는 걸 즐기고 있구나.'

막상 입시라는 목적지만 보고 달려왔는데, 대학이 끝이 아니라 그때부터 또 다른 시작이라는 사실을 깨닫는 순간이기도 합니다. 가장 큰 어려움은, 성적에 맞춰 진학했지만 그 전공이 자신과 맞지 않을 때 생깁니다. 또 대학을 졸업해도 그 후의 미래가 그려지지 않을 때는 더욱 답답합니다. 마치 '트리나 폴러스'의 책 《꽃들에게 희망을》 속, 꼭대기에 오르면 행복을 얻을 거라 믿는 호랑 애벌레처럼 말이죠. 그들은 대학이라는 정상에 도달했지만, 거기가 도착지가 아니라는 걸 깨닫습니다. 그래도 최근 아이들을 보면 생각보다 훨씬 건강하게 그 과정을 받아들이고 있습니다. 성적이나 진로에 매달리기보다 관심이 생기는 활동을 찾아 나섭니다. 연극 동아리에 들어가 무대에 서 보고, 밴드에 가입해 기타를 치며 공연합니다. 그때 찍은 사진을 보여주는 아이의 얼굴에서는 고3 때 보지 못했던 빛이 보입니다. 저는 그럴 때마다 "아주 잘하고 있군."이라고 말해줍니다. 대학 때가 아니면 할 수 없는 일들이니까요.

우리 사회는 여전히 대입을 지나치게 중요하게 여깁니다. 하지만 대학은 끝이 아니라 시작입니다. 입시만 바라보다 보면, 정작 배움이 왜 중요한지, 그 과정을 통해 무엇을 얻는지를 놓치기 쉽습니다. 목표를 세우고 최선을 다하는 과정, 스스로 호기심을 품고 탐구하고 토론하며 생각을 정리하는 시간 자체가 이미 배움의 본질입니다. 그 경험이 있는 아이는 어느 길로 가든 결국 자기 길을 찾아갑니다. 입시 제도는 계속 바뀌고, 세상은 더 복잡해졌습니다.

"이 모든 걸 다 준비하라는 말인가요?"

"요즘 아이들은 너무 바쁘고 불쌍해요."

이런 말은 시대가 달라져도 늘 반복됩니다. 1989년에 개봉된 영화 〈행복은 성적순이 아니잖아요〉에서 조차 입시 스트레스와 부모와 자녀의 갈등이 영화의 중심 내용이었습니다. 그만큼 입시는 언제나 세대의 고민이었고, 대한민국의 경쟁은 단 한 번도 멈춘 적이 없습니다.

진호는 3년 동안 의대만을 바라보고 달려왔습니다. 그 노력을 잘 알고 있었기에, 저는 조심스레 상담 온 진호 어머니께 말을 꺼내야 했습니다.

"지금 내신으로는 의대 합격이 쉽지 않습니다. 의대 진학 외의 다른 방향도 함께 고려해 보셔야 할 것 같아요."

제 말이 끝나자, 진호 어머니의 손이 가늘게 떨렸습니다.

"엄마, 걱정하지 마. 혹시 알아? 수능에서 대박 날 수도 있잖아"

진호가 엄마의 손을 꼭 잡으며 미소를 지었습니다. 그 순간, 저는 다시 한번 생각했습니다. 입시라는 무게가 이 가족의 하루를 얼마나 지배하고 있는지를요. 그래도 아이가 부모를 위로하게 해서는 안 됩니다. 중심을 잡아야 하는 사람은, 언제나 우리 어른들이어야 하니까요.

아이를 다그치다가도 아이의 어릴 적 사진을 보며 마음이 물러나는 것이 부모입니다. 그 마음이 바로 사랑이고, 그것이 바로 출발점입니다. 사랑이 크면 불안도 큽니다. 모르는 것이 가장 큰 두려움을 만듭니다. 정보는 불안을 이깁니다. 정확하게 아는 순간, 불확실함은 방향으로 바뀝니다. 아이의 공부와 진로를 이해하고, 대학 입시의 구조를 파악하면 부모도 아이도 훨씬 덜 흔들립니다. 정보는 단순한 지식이 아닙니다. 정보는 판단의 기준이 되고, 기준은 곧 마음의 안정을 만들어 줍니다. 이 책이 변화하는 입시 속에서 부모님이 중심을 잡는 데 조금이나마 도움이 되길 바랍니다.

입시대전환시대
# 부모가 알아야 할 입시절대전략

**초판 1쇄 인쇄** 2025년 12월 30일
**초판 1쇄 발행** 2026년 02월 10일

**지은이** 배지현

**펴낸이** 정용수
**책임총괄** 강선혜
**편집장** 차인태
**편집** 임한나
**디자인** 최선희
**영업 · 마케팅** 정경민, 이은혜, 임정인, 김다인
**제작** 김동명 **관리** 윤지연

**펴낸곳** ㈜예문아카이브
**출판등록** 2016년 8월 8일 제2016-000240호
**주소** 경기도 파주시 광인사길 79 4층(문발동)
**문의전화** 02-2038-3372 **주문전화** 031-955-0550 **팩스** 031-955-0660
**이메일** archive.rights@gmail.com **홈페이지** ymarchive.com **인스타그램** yeamoon.arv

ISBN 979-11-6386-548-3(03370)